PIERRE-MARIE DESCAMPS
GÉRARD EJNES

LE LIVRE D'OR DU FOOTBALL

1996

Préface de
LAURENT BLANC

SOLAR

ISBN 2-263-02483-2
Code éditeur : S02483

SOMMAIRE

Doublé Coupe-Championnat avec Auxerre, demi-finale de l'Euro 96 avec les Bleus et transfert à sensation au Barça, Laurent Blanc a vraiment vécu « une saison magnifique ».

UNE SAISON MAGNIFIQUE

par Laurent Blanc

« Cela aurait pu être une saison fabuleuse. Cela n'a été qu'une saison magnifique. Avec le recul, j'ai beaucoup plus qu'un regret. Au fond de moi, je ressens encore de la colère. Non, vraiment, cette élimination face à la République tchèque ne passe pas. Nous avions une chance inouïe d'aller en finale de l'Euro, de disputer, à Wembley, le titre de champion d'Europe face à l'Allemagne. Et nous avons échoué.

Je laisse à d'autres, qui en ont sûrement beaucoup plus envie que moi, le soin de trouver des raisons à cette élimination. Ce genre de débat ne m'intéresse pas.

C'est bizarre, on s'habitue incroyablement vite aux titres. Longtemps, je n'ai eu qu'une ligne à mon palmarès : une Coupe de France gagnée avec Montpellier en 1990 contre le Racing Paris 1. Cette saison, j'ai réussi le doublé avec Auxerre. Le doublé, vous vous rendez compte ! Et pourtant, j'ai commencé cette préface en parlant de notre demi-finale ratée à l'Euro. On devient vite exigeant...

Avec l'AJA, malgré la première longue blessure de ma carrière, qui m'a tenu éloigné des terrains durant quatre mois, je n'ai que des bons souvenirs.

Parce que la qualité du jeu auxerrois a toujours été de très haut niveau, parce que nous avons allié en permanence le résultat et la manière. Et on sait aujourd'hui que ce n'est pas si simple ! A ce propos, je dis, à ceux qui ont trouvé les matchs de l'Euro dépourvus de folie, que le football européen se porte très bien. Tout simplement. Il y a de moins en moins d'erreurs au cours d'un match de haut niveau, surtout lorsqu'on arrive dans les moments décisifs. C'est une sorte de perfection à laquelle il faut s'habituer. Ça s'appelle la gagne. Et, en France, on commence sérieusement à savoir ce que c'est.

En Coupe d'Europe, les clubs français ont réussi des performances énormes. Bien sûr, Auxerre n'a pas réussi un grand parcours. Notre élimination face à Nottingham Forest reste un point noir pour moi car, en plus, je me suis blessé au match aller.

Mais la demi-finale de Nantes en C1, la finale de Bordeaux en C3 et surtout la victoire du Paris Saint-Germain en C2 sont de formidables événements. Ils prouvent que l'on peut être français et gagner. C'est un vrai bouleversement.

Beaucoup de très grands clubs étrangers se sont tournés vers la France pour effectuer leur recrutement. Je ne crois pas que ce phénomène doive être uniquement attribué aux conséquences de l'arrêt Bosman. Le footballeur français a du talent et il gagne. Je souhaite que cela dure au-delà de cette magnifique saison 1995-96. »

Buteur providentiel du Paris SG et de l'équipe de France, Youri Djorkaeff est enfin un héros.

La magie Djorkaeff

Le « Snake » a encore frappé...

Il a toujours eu le sens du but et il a toujours marqué énormément de buts. Pourtant, à l'orée de cette saison 1995-96, celle de ses 27 ans, Youri Djorkaeff n'est qu'un éternel remplaçant. Un incompris. Ni titulaire à Strasbourg où il a débuté en D1, ni à Monaco où il a désespéré Wenger, ni en équipe de France où Jacquet ne lui a accordé qu'un seul match entier en huit sélections, c'était en Italie pour sa première apparition et, déjà, son premier but (1-0). Alors, le fils de Jean, dit Tchouki, son papa-formateur-entraîneur-manager, signe au Paris SG et trouve le filon pour devenir une star. Buteur ne suffit pas? Il deviendra buteur providentiel.

La qualification des Bleus pour l'Euro, c'est lui. Un soir d'août 1995, au Parc des Princes, il fait basculer son destin en même temps que celui de l'équipe de France. Quand il entre, à vingt minutes de la fin, la Pologne mène 1-0 et la patrie est en danger. Les Bleus obtiennent un penalty mais Djorkaeff n'ose pas s'imposer (« parce que je n'étais que remplaçant ») et Lizarazu rate l'égalisation. Youri s'en veut. Alors ce coup franc de la dernière minute, idéalement placé pour un gaucher, le droitier exclusif qu'il a toujours été se l'attribue d'autorité. « Je n'entendais plus rien, ni mes partenaires, ni le public, ni les adversaires qui cherchaient à me déconcentrer. La notion même de mur n'existait plus. Et, au moment du tir, je savais que le ballon allait entrer. » Il entre. Les Bleus iront à l'Euro, Jacquet sauvera sa tête, Youri sera enfin héros.

Un autre but important à Bucarest, cinq au total dans les quatre derniers matchs éliminatoires et la naissance d'une association avec Zidane, époustouflante, installent au paradis du football international celui que Guérin surnomme gentiment « le petit diable ».

La victoire du Paris SG en Coupe des Coupes, c'est lui aussi pour une part non négligeable. Son sang-froid fait la différence contre le Celtic (1-0) et surtout en demi-finale à La Corogne (1-0), où il entre à la 80e minute pour marquer un but somptueux à la 89e. Cette belle rengaine ouvre la porte d'une finale européenne devant laquelle le PSG butait depuis trois ans.

Ces deux exploits illustrent un bilan en Coupe des Coupes globalement édifiant, malgré une contracture au mollet, première blessure de sa carrière qui l'écarte de la rencontre référence contre Parme : huit matchs, quatre buts et deux passes décisives, sans compter le petit coup franc donné à N'Gotty pour la consécration de Bruxelles.

Sur l'ensemble de la saison, Djorkaeff a marqué vingt-huit buts en soixante-et-une rencontres officielles.

Les Parisiens peuvent dresser une statue à celui qu'ils appellent tous « le snake ». Ce serpent-là inspire le respect.

Comment fait-il pour « la mettre au fond » aussi facilement et aussi souvent? Nul ne le sait, pas même lui. Le successeur français de Papin et de Platini dans le rôle du buteur providentiel n'est pas un monstre physiquement, il ne joue pas avant-centre et tient même beaucoup à sa liberté de « neuf et demi », enfin il avoue volontiers : « Mon pied gauche est nul, mon jeu de tête également... » Alors? Poussé dans ses retranchements, il lâche : « J'ai une qualité principale, je vois large. Je ne sais pas comment je fais, c'est inné. Je n'ai pas besoin de lever la tête pour savoir où sont mes partenaires. C'est pareil dans la vie : je vois arriver les gens de loin... » Il a au moins ce point commun avec Platini.

Avec Papin, à qui il voue une vraie admiration, Youri partage la spontanéité et

Le corps en balancier, un équilibre parfait, une frappe chirurgicale, Djorkaeff est un exceptionnel tireur de coups francs.

surtout le goût du travail. A l'entraînement, il se fixe des challenges, s'impose un rendement minimum, « par exemple, huit tirs cadrés consécutifs, quatre buts ». Tant que le contrat n'est pas rempli, il reste sur le terrain. De même, la veille de chaque match international, il profite de la traditionnelle séance sur le stade où se déroulera la rencontre du lendemain pour prendre des repères et visualiser les cages par rapport aux tribunes, aux publicités ou à la piste s'il y en a une. « Je me place en position de tir et je mémorise des points précis, cela me permet de mieux me situer en match au moment d'ajuster une frappe ! »

Mais la plus grande qualité de Youri Djorkaeff est également son plus gros défaut, celui qui lui a coûté toutes ces années sur le banc : il est égoïste. « Dans les dix-huit mètres, c'est vrai, je veux marquer ! » admet-il avant d'ajouter : « En dehors de la surface, je ne suis pas obnubilé par le but. Franchement, je ne la joue pas perso. Je me moque complètement de marquer si on gagne. »

Égoïste, opportuniste, séduit par le pouvoir et les plaisirs que procure l'argent, Youri Djorkaeff est un garçon simplement de son temps. « J'ai toujours su que j'avais des qualités et qu'un jour je connaîtrais le haut niveau. A 16 ans, je voulais déjà aller en équipe de France. » Cette ambition dévorante n'altère pas la simplicité de l'homme. « Les médias écrivent que Djorkaeff est une star mais je n'ai pas changé. Moi, je parle dans les bistrots avec les gens qui viennent me voir. Ça fait du bien, tu sors de ton monde, tu gardes les pieds sur terre. C'est pour ça aussi que j'ai la même conduite dans la victoire ou dans la défaite. Je ne me pose pas de questions. »

Là encore, on retrouve JPP. Youri est imperméable à la pression pour une raison très précise : « Depuis que je joue, on me compare à mon père. Il a donc toujours fallu que je sois bon, même lors des matchs sans importance, parce que je n'ai pas envie de briser l'image que les gens ont conservée de lui. J'ai toujours vécu avec cette pression, et j'ai appris à la surmonter. »

Ainsi va le petit Youri, devenu grand à Paris en attendant d'être un très grand à l'Inter Milan, amoureux du jeu et surtout de ce ballon auquel il voue une passion quasi mystique : « Pour le maîtriser, il faut lui parler au ballon. Pas de vive voix mais avec les pieds, avec le cœur. Moi, je mets les formes. Je ne l'insulte pas, jamais... »

Quand on les voit dialoguer tous les deux sur une pelouse, on se dit que c'est beau le football.

Le déclic Celtic

Quand débute la saison du Paris SG, en juillet 1995, Michel Denisot annonce clairement la couleur : « Nous avons deux objectifs : être champions et gagner la C2. » Si le président délégué du PSG se montre « volontairement trop ambitieux » – comme il l'avouera la coupe des coupes en main dix mois plus tard –, c'est pour relancer vers les sommets un club frustré par trois échecs successifs : échec face à Nantes pour le titre et donc pour la juteuse Ligue des champions ; échec en C1 contre Milan, le troisième consécutif en demi-finale d'une Coupe d'Europe ; enfin échec dans la tentative de retenir Weah, Ginola, Valdo et Ricardo.

Pour les remplacer et viser si haut, Luis Fernandez n'obtient pas de ses dirigeants la signature de Karembeu, sa priorité, mais tout de même celles de Loko, Djorkaeff, Dely Valdes, N'Gotty, Fournier et Mahé. Un recrutement sans équivalent en France.

Les premiers pas en championnat de ce nouveau groupe, très vite perturbé par les absences de tous ordres, sont hésitants. Heureusement, la C2 propose un tour de chauffe « facile » au PSG, tête de série n° 3 derrière Saragosse et Parme. L'adversaire ? Molde, « une ville dont on ne soupçonnait même pas l'existence », comme l'avoue Guérin. Une ville que les Parisiens ne verront jamais. Le stade du Molde FK n'étant pas aux normes, le petit club norvégien « reçoit » à Oslo sur terrain presque neutre, puisqu'il n'y a que 3 379 spectateurs à l'Ulleval Stadion. « Je n'avais jamais joué devant aussi peu de monde », dit encore Guérin. La pelouse est à 30 % en matière synthétique. « Le ballon n'avance pas », se plaint Djorkaeff. Les joueurs de Molde, eux, foncent comme des avions. Ils ont encaissé le week-end précédent en championnat un cinglant 7-0 à domicile et sont privés de quatre titulaires, mais cela ne les empêche pas de malmener joyeusement la défense française, dont l'axe N'Gotty-Dieng donne du mou. Logiquement, ils finissent par ouvrir la marque (56e). « Là, j'ai eu peur », se souvient Guérin, promu capitaine en l'absence de Lama. Au fait, il manque aussi Rai, Roche, Loko, Bravo et Mahé…

Fournier et Le Guen : heu-reux !

La rentrée de Nouma (60e) sonne le réveil de l'attaque du PSG. Le Guen du gauche (76e), Djorkaeff sur penalty (77e) et Dely Valdes à l'affût (83e) signent trois buts en sept minutes. Mais Molde glisse un deuxième but (82e), et le succès du favori parisien reste étriqué (3-2). Tout rentre dans l'ordre au Parc, dont le prince est encore Pascal Nouma, auteur de deux buts dans le premier quart d'heure et d'une passe décisive à Djorkaeff dans le dernier (3-0). « Pour moi, c'est la soirée des premières, explique le héros du jour. Premiers buts en Coupe d'Europe et premier doublé de ma carrière pro. J'espère que Luis continuera à me faire confiance, même si j'ai toujours un peu l'impression d'être la roue de secours. » Il est vrai que, si Loko effectue sa grande rentrée, deux mois après la fameuse nuit de folie qui l'avait conduit en garde à vue, Nouma profite de la blessure aux adducteurs de Dely Valdes. Un pépin de plus. Au tour suivant, « Panagol » est toujours à l'infirmerie et N'Gotty, touché au mollet, l'y a rejoint. Drôle d'hécatombe… Fernandez décide de fixer Le Guen, son pompier de service, au poste de libero. Il opte pour un 4-4-2 qu'il n'affectionne guère afin d'enflammer un jeu qui déçoit depuis un mois, avec seulement 5 points glanés en cinq journées de championnat. « Ne nous leurrons pas, la Coupe d'Europe se joue là », dramatise l'entraîneur parisien.

L'adversaire de ces huitièmes de finale a

Loko ne parvient pas à tromper Marshall, mais le gardien du Celtic s'inclinera une fois à Paris.

été tiré au sort par Jean Fournet-Fayard : il s'agit du Celtic Glasgow, leader du championnat d'Écosse. Le nom fait encore peur, mais l'équipe au maillot rayé vert et blanc ne possède plus le potentiel de celle qui remporta la C1 en 1967. Tout juste guéri d'une grave crise financière, le Celtic a failli réussir le transfert de Ginola quatre mois plus tôt. Il s'est rabattu sur l'Allemand Thom, arraché à Leverkusen pour 18 millions de francs.

Le match aller est exaspérant. Face à des Écossais ultra-défensifs, Paris doute, déjoue, relance mal et manque de maîtrise technique. Loko et Djorkaeff ne s'entendent pas, Colleter prend l'eau au poste de stoppeur, et Luis lui demande de permuter avec Mahé côté gauche. Rien n'y fait. Le PSG a le ballon mais Marshall, le gardien écossais, jamais. On se dirige vers un inéluctable 0-0 quand, dans la grisaille, une action lumineuse éclaire la triste soirée parisienne : longue ouverture de Mahé pour Guérin, centre en retrait parfait vers Djorkaeff, et là – geste génial du buteur instinctif –, Youri prend le risque de contrôler pour mieux placer son ballon dans les filets (76e). « Qui connaît le foot sait que c'est un but de classe », s'extasie Bravo.

Laborieux et convalescents, les Parisiens respirent. « On nous critique beaucoup pour ce match, mais c'est la victoire du cœur et j'aime ce genre de victoire », positive Fernandez. Au moins a-t-il trouvé son libero pour le reste de la saison. « Je tire un coup de chapeau à Paul Le Guen, confirme Lama. Il a été impressionnant. Paul a sa place. Ce n'est, à mon avis, pas le cas de tout le monde… »

On comprend vite que ce petit 1-0 constitue un grand déclic. Dans la foulée, Paris SG surclasse Auxerre (3-1), puis tombe le leader messin chez lui (3-0). Il ne manque plus aux Parisiens qu'un match référence. C'est pour Glasgow. « Si on passe là-bas, cette Coupe, on la gagne », annonce Fernandez.

La soirée du 2 novembre 1995 sera l'une des plus éblouissantes de toute l'histoire du Paris Saint-Germain. « C'est l'un de nos plus beaux matchs, l'un des plus complets, raconte Bravo. On a été bons, on s'est régalés. Et l'ambiance est inoubliable. » Comme par magie, Paris récupère toutes ses vertus européennes : rigueur, discipline, sûreté technique et efficacité. Loko marque deux buts avant la mi-temps puis, touché au pied, laisse sa place à Nouma qui, bien servi par Djorkaeff, parachève le chef-d'œuvre parisien (3-0). Bravo, Rai et Le Guen sont souverains et Lama écœure les attaquants du Celtic dans les dernières minutes. L'entraîneur Tommy Burns n'en revient pas : « Nous sommes tombés sur une très grande formation européenne, à qui je souhaite de remporter cette Coupe des Coupes. Nous essaierons à l'avenir d'imiter le jeu du PSG. Mais ce ne sera pas facile. »

Au coup de sifflet final, l'hommage des 35 000 fans écossais est poignant. Ils applaudissent longuement leurs vainqueurs et fraternisent avec les quelques supporters français. « De toute notre campagne européenne, évoquera en fin de saison Luis Fernandez, je me souviens surtout, curieusement, des chants des supporters du Celtic. Ils m'ont pris à la gorge. Quand ils nous ont ovationné et qu'ils ont monté une haie d'honneur à nos supporters, ça m'a vraiment ému. »

Rai dans la tenaille du Celtic. Le Brésilien s'en tire sans accroc…

OPEL

La finale avant la lettre

« Nous avons pêché le pire des adversaires possibles, la plus forte équipe parmi celles qui restent en lice. » Le Paris SG vient de tomber sur Parme, mais l'homme qui parle ainsi, dans la grande salle du tirage au sort de Genève, n'est pas Jean-Michel Moutier. C'est le directeur général Pastorello. Incroyable mais vrai ! Dans l'ultime grand huit de la C2, tous les clubs voulaient éviter le PSG : Feyenoord, Mönchengladbach, La Corogne, Saragosse, le Rapid Vienne, le Dynamo Moscou et même Parme, qui devra s'y coller. Au Camp des Loges, personne ne s'affole. « On n'aura pas peur », assure calmement Daniel Bravo. Parme a pourtant tout de l'épouvantail. L'équipe italienne est tenante du titre et demeure sur trois finales européennes consécutives, dont une seule perdue, en 1994, contre Arsenal. Cette saison encore, les Parmesans sont les favoris logiques de la Coupe des Coupes, même s'ils sont d'ores et déjà hors course pour le scudetto, avec 10 points de retard sur Milan. Le recrutement n'a pas été aussi judicieux que d'habitude : Brolin et Asprilla n'ont pas été remplacés, Stoïchkov tarde à s'adapter et le jeu réputé ouvert prôné par Nevio Scala s'est refermé. L'entraîneur charismatique quittera d'ailleurs le club au terme de la saison. « Nous sommes à la fin d'un cycle », a annoncé le président, M. Pedraneschi.

En attendant, Parme n'a plus que la C2 pour sauver sa saison. Et Parme reste un grand d'Europe. « Le vainqueur de ce quart de finale remportera la Coupe », déclarent en chœur mais sans se concerter Zola et Stoïchkov, qui s'entendent un peu moins bien sur le terrain. « C'est une finale avant la lettre », estime Pastorello. La suite leur donnera raison.

Paris aussi traverse une saison en dents de scie. L'hiver a été calamiteux, l'équipe s'est effondrée en championnat, et Luis Fernandez, contacté par Barcelone mais que Michel Denisot affirme vouloir conserver, comme tout l'effectif, est « surveillé » par un comité sportif aussi original que grotesque. Heureusement, dans la quinzaine qui précède le match aller en Italie, la crise qui couvait est mise entre parenthèses par deux victoires salvatrices contre Lens (1-0) et à Rennes (1-0). « Je retrouve le PSG d'avant la trêve », se réjouit Luis. « On a appris l'humilité, on s'était peut-être vu trop beaux... » concède Lama.

Fournier est suspendu, Roche ne rejoue qu'en N2, mais Fernandez abat la carte de l'audace en alignant son fameux quatuor offensif Djorkaeff-Rai-Loko-Valdes. « J'ai des idées et je m'y tiens », explique le patron technique en sursis. Et quand Djorkaeff, touché au mollet, devra sortir peu avant la mi-temps, c'est Nouma qui le remplacera. Effectivement, en attaque, le Paris SG se défend bien. Et, en défense, il est d'attaque. D'autant que Zola, incertain jusqu'au dernier moment, rejoint très vite ses adducteurs, laissés au vestiaire (27e). Tout cela donne une première moitié de match équilibrée, avec un Bravo étincelant, cavaleur fou et récupérateur bondissant, qui n'a pas fini de séduire... son futur club. L'autre grand bonhomme s'appelle Lama, qui se jette dans les pieds de Stoïchkov (10e) et récidive en dégageant des deux poings un tir de Dino Baggio (51e). On se dit que les Français gèrent superbement leur affaire quand Stoïchkov, spécialiste mondial de l'exploit personnel, jaillit pour frapper à ras de terre. Mené 0-1, Paris ne se démonte pas et s'installe devant le but de Bucci jusqu'au coup de sifflet final. Même ses défenseurs Le Guen et Cobos se retrouvent en position de conclure et, sur une passe de Nouma, Loko adresse un tir fracassant... le poteau. « On a vu un grand PSG, qui aurait mérité mieux », insistera Fernandez. On voit surtout et encore un grand Lama, à la 88e minute, vainqueur d'un tête-à-tête décisif face à Inzaghi. Ouf !

« Je suis un peu déçu du résultat, pas de notre performance », résume Bravo. Les Parisiens sont battus, pas abattus. Une attitude qui ne plaît pas à Lama : « L'atmosphère dans le vestiaire n'était pas à la déception, et ça me désole parce qu'il s'agit d'une défaite et qu'on ne peut pas en être heureux. Cela dit, on a les qualités pour renverser la vapeur au retour. » Col-

Éblouissant contre Parme, Bravo séduit en deux matchs son... futur club.

Rai n'a jamais manqué un penalty de sa carrière.

leter est d'accord, « mais à condition que le public du Parc soit survolté ».

Toutes les places sont vendues depuis des semaines et on sent poindre l'épopée, comme ces trois dernières années en quarts de finale, contre le Real Madrid deux fois et le Barça. Peut-être les trois plus grands matchs européens de l'histoire du club. Mais les frissons n'ont pas tous une si lointaine explication. « On ne peut raconter ce match retour contre Parme sans évoquer l'exploit des Bordelais, deux jours plus tôt, contre Milan (3-0), se souvient Bravo. Ils nous ont montré la voie, l'état d'esprit nécessaire, on était fiers d'eux. Moi, sur le dernier corner des Milanais, j'étais debout devant ma télé et je hurlais: “Non! Non!” »

Paris dopé par Bordeaux, mais Paris privé de Djorkaeff claqué au mollet, de Guérin convalescent de sa clavicule et de Cobos lui aussi claqué. Une triple tuile compensée par les retours de Fournier et de Roche, dont c'est la grande rentrée européenne. Et puis, surtout, Parme évolue sans Zola. Dans une ambiance qui dépasse le vœu de Colleter, la chance sourit d'entrée aux Parisiens, qui remettent les compteurs à zéro dès la 8e minute: Nouma est bousculé par Cannavaro et Rai transforme le penalty sans trembler. Le PSG continue sur sa lancée, pousse à perdre haleine, mais Stoïchkov, intenable pour N'Gotty sur cette pelouse où il a triomphé en 1993 avec la Bulgarie, se montre menaçant sur trois coups francs successifs. Le suspense est à son comble.

Une touche rapidement jouée par les Parmesans, et la défense parisienne se laisse surprendre. Melli, suspendu à l'aller, glisse le ballon sous les bras de Lama (26e) et porte un coup terrible au PSG, groggy mais pas KO. Il lui reste une heure pour marquer deux fois… « On n'a pas douté, rapporte N'Gotty. On s'était dit, avant le match, que si on prenait un but, il fallait continuer pour le public. » Ils continuent et Loko s'infiltre pour tromper Bucci du point de penalty (38e). Paris n'est pas mort, Paris y croit, même si Lama ne pointe pas à l'ANPE en cette fin de mi-temps laborieuse.

Tout bascule quand Stoïchkov doit quitter le terrain (65e) et que Guérin y pénètre (67e). La tempête fait rage dans la surface italienne et Apolloni finit par craquer sous les yeux de l'arbitre: il accroche Fournier et offre un second penalty aux Parisiens, qui n'en ont pas encore obtenu un seul en championnat cette saison (69e). Celui-là, Rai n'a pas le droit de le rater…

La tension est aux frontières de l'insoutenable, mais le Brésilien n'a jamais failli dans cet exercice et il se présente tranquillement face à Bucci: « J'avais connu pareille responsabilité en finale de la Copa Libertadores, devant 100 000 spectateurs, contre les Argentins de Newell's. Les Italiens sont sages à côté des Argentins! Eux, ils viennent carrément creuser un trou dans la pelouse au point de penalty. Là, les Parmesans m'ont parlé, ils ont crié mon nom pendant que je marchais vers le ballon. Enfin, c'est ce que mes équipiers m'ont raconté. Moi, je n'ai rien entendu, j'étais très concentré… »

Fernandez, lui, est décomposé. La tête dans les mains, il ne regarde pas. « Parce que je souffre, c'est trop dur… » Course d'élan régulière, frappe limpide et puissante, but. « Je tiens à rendre hommage à Rai, dit Bravo. Il a tiré deux penalties sous une énorme pression et il les a marqués facilement, nettement. La grande classe! »

Il reste vingt minutes à jouer et Paris s'arrache pour préserver ce 3-1 inespéré. Lama est souverain, Roche impérial, Rai rassurant, Bravo encore admirable. Stoïchkov lui-même avouera: « Daniel Bravo est probablement le meilleur milieu défensif d'Europe. Il n'a pas d'équivalent, même dans le calcio. » Le Petit Prince fera partie de la prochaine révolution parmesane. Encore quatre interminables minutes d'arrêts de jeu et, enfin, la délivrance. Une formidable explosion de joie fait vibrer le Parc et roule dans le ciel de Paris. « Je ne sais pas quoi vous dire, je suis heureux, balbutie Fernandez. C'est une victoire aux forceps, mais méritée. J'y ai toujours cru, les gars ont réalisé un match extraordinaire. On a tous la volonté d'aller au bout. » En éliminant Parme, le PSG dégage son horizon européen. Que peut-il arriver à une équipe vainqueur d'une finale, fût-elle avant la lettre?

Le chef-d'œuvre du «petit diable»

« C'est où, en Espagne, La Corogne ? » Il exagère, Bruno N'Gotty. Il exagère, parce que le Deportivo La Corogne, que le dernier tirage au sort de la C2 vient d'attribuer au Paris SG en demi-finales, est un grand d'Espagne depuis quatre ans. Et tout le monde sait qu'en Galice jouent Bebeto et Mauro Silva, les champions du monde brésiliens.

Toutes proportions gardées, le « Depor », c'est l'OM. En 1988, alors criblé de dettes et en Division 2, le club est pris en main par un certain Cesar Auguste Lendoiro, dont les ambitions politiques rappellent celles de Bernard Tapie. Ce mécène au prénom d'empereur serre les budgets, résorbe le déficit, « recrute » 12 500 abonnés et crée les conditions de la remontée, qui intervient en 1991. L'année suivante, il réussit un extraordinaire coup médiatico-sportif, celui dont il avait besoin pour asseoir son autorité : pendant quinze jours, il fait le siège des dirigeants de Vasco de Gama, à Rio, pour obtenir la signature de Bebeto. Le prince du dribble au visage d'enfant, que le PSG a failli engager la saison précédente pour 8 millions de francs (« C'est qui Bebeto ? » avait alors demandé Artur Jorge !), finit par succomber pour 13 millions de francs de transfert plus une énorme prime à la signature.

Djorkaeff rentre et marque !

L'effet Bebeto est immédiat. La « Depomania » s'empare de la ville et l'équipe termine troisième du championnat en 1993, puis deuxième en 1994 et 1995, seulement coiffée sur le fil, les deux fois, à la dernière journée. Parallèlement, elle gagne le premier trophée de son histoire, la Coupe d'Espagne 1995. D'autres stars ont rejoint à grands frais les nouveaux Conquistadors, sans que l'on sache très bien d'où Lendoiro sort tant d'argent : Mauro Silva, Nando, Kiriakov, Kirov et, au début de 1995-96, les internationaux espagnols Beguiristain et Martin Vazquez, le Russe Radchenko, le Serbe Milovanovic, enfin l'entraîneur gallois John Toshack. Ce dernier, qui remplace le légendaire Arsenio Iglesias, débauché par le Real Madrid, ne parvient pas à ébaucher la dream-team annoncée. L'équipe que s'apprête à visiter le PSG n'est que neuvième de la Liga, à 22 points de l'Atletico. Et le départ en fin de saison de Bebeto est acquis, direction Flamengo.

« Le Deportivo visait le titre, mais il a raté son championnat. En revanche, en Coupe d'Europe, il est là. » Luis Fernandez connaît bien le football espagnol, et n'oublie pas que les joueurs de son ami Toshack viennent de sortir le tenant de la C2, Saragosse. « Ils font partie des favoris de cette Coupe des Coupes avec Parme et Feyenoord », insiste Luis, qui s'est occupé personnellement des Parmesans et continue de surveiller les hommes de Rotterdam, eux aussi demi-finalistes contre le Rapid de Vienne.

Loko force la serrure espagnole et libère le PSG. La finale, les voilà!

Mais tous ces « favoris » ont du plomb dans l'aile en ce début avril 1996. Feyenoord passe carrément à la trappe; La Corogne est minée par une cabale des joueurs contre Toshack et une cascade de blessures (Mauro Silva, Martin Vazquez, Nando, Villaroya); quant au Paris SG, il faut bien parler de chute libre. Metz vient de gagner au Parc, permettant à Auxerre de doubler les Parisiens en tête du championnat, Dely Valdes n'a inscrit qu'un seul but depuis trois mois, Rai est forfait, Roche incertain et Djorkaeff seulement sur le banc. Quelle débâcle! Pourtant, Fernandez titularise au stade Riazor à la fois Loko, Dely Valdes et Nouma. Trois avant-centres, c'est gonflé...

En première mi-temps, cette audace est payante. Les picadors français posent les plus belles banderilles, pendant que la défense, commandée par l'excellent Le Guen, « torée » Bebeto qui se retrouve systématiquement hors jeu. Olé!

La seconde période des Espagnols est plus enlevée. Lama sauve en catastrophe devant le Brésilien, bientôt imité par Le Guen et Bravo. Fernandez réagit en sortant Loko, convalescent, au profit de Llacer. Le combat devient magnifique. Dely Valdes et Nouma d'un côté, Manjarin puis Beguiristain de l'autre, manquent d'un rien la mise à mort.

Il reste dix minutes quand Fernandez décide d'un autre changement, tout aussi osé, encore plus judicieux: il lance dans l'arène un taureau nommé Djorkaeff, absent des terrains depuis quatre semaines pour cause de contracture au mollet. « Au début, Luis voulait faire entrer Mahé, raconte Youri. Et puis il m'a dit: "Tu rentres, tu marques et tu repars." » Quatre-vingt-neuvième minute: Djorkaeff démarre de 40 mètres pour un aventureux « deux contre six » avec Nouma. Décidément très précieux en Coupe d'Europe, Pascal embarque la défense vers la gauche, pendant que Youri repique au centre et enroule du pied droit une frappe qui catapulte le ballon dans le petit filet opposé. Le premier but encaissé par La Corogne à domicile en Coupe d'Europe cette saison est un chef-d'œuvre. Témoignage de Guérin: « Au moment de la frappe du petit diable, je suis juste dans l'axe. Le ballon a une trajectoire invraisemblable... »

Ce but est capital pour les Parisiens, qui n'ont jamais franchi le stade des demi-finales. Grâce à leur « petit diable », ils posent un pied à Bruxelles...

« Stop! intervient Fernandez. Rien n'est joué. Je vais répéter aux gars pendant quinze jours qu'ils ont un but de retard. Pour les conditionner. » Pour éviter de devenir le premier club français éliminé d'une Coupe d'Europe après avoir remporté le match aller à l'extérieur...

Dans un Parc archicomble, c'est La Corogne qui est le plus vite en action par Manjarin, seul au deuxième poteau, dont le ballon rebondit fort heureusement sur la transversale (9e). Malgré une bonne réplique de Nouma (25e), il flotte comme un parfum d'angoisse. A l'entracte, Fernandez tente de raisonner ses joueurs: « Libérez-vous! Vous jouez la peur au ventre! »

Ils vont se sortir les tripes. Fournier (47e), puis Djorkaeff (49e) sont dangereux, enfin Loko fait mouche. Sur une ouverture de Youri, l'avant-centre de l'équipe de France déstabilise Aldana et Voro pour placer un tir au ras du poteau (59e). Cette fois, au bout du cinq centième match officiel depuis sa création en 1970, le PSG tient sa finale.

« Merci Paris! » chante le public. Le tour d'honneur est traditionnel, mais sans exubérance. L'heure n'est pas à la consécration. « C'est un événement dans l'histoire du PSG, pas un aboutissement, explique Denisot. En accord avec tout le monde, nous ne ferons pas la fête. Ce sera pour le 8 mai au soir. En attendant, on est sur un petit nuage, on se roule dedans... »

Le salut de Loko-Djorkaeff à Cobos et Valdes.

Le message passe parfaitement auprès des joueurs, qui acceptent de partager la prime de qualification entre les dix-neuf pros en signe de solidarité, mais avouent avoir du mal à sauter au plafond. « Être en finale, c'est normal, dit Loko. L'objectif, c'est de la gagner. » Même Roche, qui en est à son cinquantième match européen, ne parvient pas à savourer complètement sa première demi-finale victorieuse après six tentatives: « Je ne sais pas pourquoi, mais personne n'arrive à extérioriser. C'est pourtant la récompense de quatre ans d'efforts. Mais on explose quand on a gagné quelque chose, et là on n'a encore rien gagné. »

Dans un recoin du Parc, Fernandez annonce secrètement à Denisot sa décision de quitter son poste d'entraîneur en fin de saison, puis déclare sans rire: « Je suis heureux. Cette équipe a beaucoup d'avenir. » Sans doute évoque-t-il uniquement la finale de Bruxelles, contre le surprenant Rapid de Vienne...

Dely Valdes, Llacer, Dutruel, Loko, Lama, Fernandez, Djorkaeff, Bats, Bravo et Perrin forment la pyramide du bonheur.

Le Paris Capitale

Tout commence par un silence. Assourdissant. Il ne reste que huit jours avant la finale de Bruxelles contre le Rapid de Vienne, et les joueurs parisiens décident de couper le contact. C'est Lama qui annonce cette stratégie, au début du stage à Hendaye, devant un parterre de journalistes sidérés : « On a envie de rester entre nous, pas de répondre à des questions qui nous poseraient des problèmes. On a décidé à l'unanimité de se taire et vous n'avez pas à contester ce droit-là. »

La presse conteste, le public aussi, les dirigeants non. « Je suis solidaire, murmure Fernandez. Leur position est discutable, mais s'ils ont besoin de ça… » Denisot, qui représente l'entreprise de communication Canal +, accepte lui aussi le diktat : « J'avoue que je ne suis pas fana de cette attitude, que je n'aurais pas admise en championnat. Mais nous sommes dans l'exceptionnel. »

En fait, ce black-out arrange tout le monde au PSG. L'équipe vient de perdre le titre de champion de France en concédant, à domicile, un nul contre Martigues (0-0), puis une défaite face à Lille (0-1), et il vaut mieux moucheter les fleurets que l'on sent jaillir de quelques fourreaux. Au soir de la finale, Lama avouera : « Je peux vous le dire maintenant, nous sommes désolés d'avoir instauré ce silence. Mais nous n'avions pas le droit d'avoir des états d'âme. »

Noah, l'« ostéopathe du cerveau ».

Cette médecine a-t-elle été prescrite par le docteur Denisot ? En tout cas, le patron s'active auprès de son malade et paye de sa personne pendant la mise en quarantaine. Il abandonne son émission *Télé-Dimanche* et délaisse l'ouverture du Festival de Cannes, s'installe à Hendaye, prend les choses en main et décrète la mobilisation générale : « On n'est pas au Club Med, on va à un combat. Ce match est un événement hors norme, très au-dessus du titre de champion. C'est le plus important depuis l'arrivée de Canal + il y a cinq ans. Et de loin. Le deuxième, il se trouve dix étages en dessous. »

Pour recharger les accus, le président délégué pense d'abord à Platini, mais l'ancien buteur de la Juve ne veut plus remettre les pieds au Heysel, même refait à neuf. Alors il débusque Yannick Noah à Marrakech, où le capitaine de l'équipe de France de tennis est en vacances, et lui demande de venir exercer ses talents d'« ostéopathe du cerveau ». Noah, c'est une pierre dans le jardin de Fernandez, dont le départ en fin de saison a été dévoilé avant l'heure par une indiscrétion du *Parisien*. Mais le pilier de la victoire française en Coupe Davis (1991) se montre habile, ne touche pas au domaine technique pour se concentrer sur le mental. Il parle beaucoup avec les joueurs, leur fait comprendre qu'ils doivent enfin vivre leurs rêves, apprend à tous un hymne à l'amour, le chant du guerrier pacifique. « Yannick avait le fil, explique Llacer, il suffisait de le brancher sur le secteur. Il a connecté le groupe. »

Le courant passe bien. Un soir où ils ont quartier libre, les joueurs choisissent de dîner entre eux. Un matin, alors que Jean-Claude Perrin se baigne seul depuis trois jours, toute la bande lui emboîte spontanément le pas et se jette dans l'océan glacial (13 degrés). Loin des regards et des micros, le commando se forge des certitudes, se persuade qu'il ne peut pas manquer de sérénité au moment de relever le défi de toute une vie sportive.

Chacun connaît l'enjeu : entrer dans l'histoire du football français, aux côtés des Marseillais champions d'Europe en 1993, mais surtout sauver sa peau. Cette finale est la seule porte de sortie à une saison agi-

« Nounours » N'Gotty entre dans l'Histoire.

tée, décevante. « Vaincre ou trahir, il faut choisir », titre sans détour *L'Équipe* du mercredi 8 mai. A quelques heures du grand rendez-vous, la pression est extrême. « C'est au repas de midi précédant le match que Yannick a tout déclenché, raconte Colleter. Il s'est levé et nous a parlé. Il nous a dit qu'il nous aimait, qu'il était fier d'être au milieu de types comme nous. J'en ai discuté ensuite avec les autres, on a tous été très touchés. Profondément. » Plus tard, Noah révélera : « Mon intervention était totalement préparée, calculée. »

Le stade du Roi-Baudouin-Ier, construit sur les ruines et les larmes de sang du sinistre Heysel, est placé sous la haute surveillance de 2 000 policiers belges nerveux et de 50 stewards conciliants dépêchés par le PSG. On attend 15 000 supporters français et, parmi les invités, tous les footballeurs qui ont porté le maillot parisien sous l'ère Canal +, ainsi que les deux anciens présidents, Daniel Hechter et Francis Borelli, à qui Denisot a demandé d'amener chacun trois joueurs de leur époque.

Les Autrichiens, eux, se sont préparés dans la plus grande décontraction, partageant leur mise au vert entre le tennis et les conférences de presse. Kühbauer a même maintenu quatre jours plus tôt son... mariage, dont son équipier Barasic était le témoin. Même s'il est incontestablement le plus grand club autrichien, créé par les communistes et... champion d'Allemagne en 1941, le Rapid de Vienne n'appartient pas au gratin de l'Europe.

Il y a encore deux ans, il était en dépôt de bilan, ranimé par la Bank Austria et soigné par un entraîneur à nom de médicament : Ernst Dokupil. Reconverti dans les assurances, cet ex-ailier gauche du club dans les années 70 a repiqué au jeu en 1994. Et il a reconstruit l'équipe autour de deux perles rares, deux locomotives recrutées à l'étranger : le Bulgare Triphon Ivanov, réputé pour son caractère, dont il a fait un équipier modèle ; et Carsten Jancker, un géant de 1,95 m né en RDA, déniché à Cologne où il était la doublure du remplaçant de l'avant-centre, à qui il confie le numéro 9 du légendaire Hans Krankl. « Deux ans après le dépôt de bilan, sans dépenser un seul shilling en transfert, nous sommes en finale de la C2 et leader du championnat », triomphe Dokupil.

Pourtant, pour la première fois, une équipe française aborde une finale européenne en position de favorite. Paris a quand même sorti Parme et remporté sept de ses huit matchs européens...

Lama s'installe dans son but, Le Guen reste fidèle à son poste de libero, N'Gotty tient pour une fois le rôle de stoppeur gauche et Roche celui de droite, le milieu est fourni avec Fournier et Colleter sur les côtés, Bravo, Guérin et Djorkaeff dans l'axe, enfin le duo d'attaque est constitué de Loko et Rai. Mais, très vite, trop vite, c'est la catastrophe : le Brésilien, blessé à la cheville par Schöttel, est remplacé par Dely Valdes (6e). Privé de son créateur le plus en forme, Paris garde sa détermination. « Ça nous a mis un coup au moral, mais on a juré à Rai qu'on remporterait la victoire pour lui », rapporte Djorkaeff.

Peu avant la demi-heure, le PSG obtient un coup franc indirect à plus de 35 mètres (29e). De son banc, Fernandez crie à N'Gotty d'y aller. La veille, l'entraîneur parisien avait « bougé » son défenseur : « Il m'a reproché de ne pas être dans mon match, de trop rigoler. Je lui ai répondu que c'était ma façon de me préparer. J'ai toujours été cool. » Se tournant vers Colleter, l'ancien Lyonnais a ajouté : « Demain, Pat, je marque. Tu peux me croire. »

La frappe de « Nounours » est puissante, rectiligne : « J'ai mis toute la conviction que j'avais en moi sur ce tir. » Schöttel dévie légèrement le ballon et Konsel, le joueur le mieux payé d'Autriche, s'incline. Comme Basile Boli trois ans auparavant, un stoppeur black, portant le maillot n° 4, marque pour un club français en finale

Lama sauve Paris dans les arrêts de jeu.

d'une Coupe d'Europe. Le but de la victoire. Car le Rapid se casse ensuite les dents, qu'il garde longues, sur un Lama des grands soirs. Le gardien de l'équipe de France réalise quatre sauvetages décisifs, le dernier dans les arrêts de jeu, et une multitude d'interventions rassurantes. Il préserve à lui tout seul l'avance d'une équipe parisienne qui rechigne à mater définitivement la révolte autrichienne, trahie par un Dely Valdes désespérant (41e, 50e et 61e), un Djorkaeff malheureux (48e et 58e) et un Guérin sans réussite (87e).

Qu'importe, le pari est gagné. Paris a gagné. Une consécration logique, une récompense pour ces joueurs qui ont assumé leur statut de favoris, pour Canal+ qui recueille le fruit de son investissement, pour le football français qui ne pouvait pas sortir bredouille d'une saison globalement exceptionnelle.

Les héros s'embrassent, Fernandez enlace ses enfants Johann et Romain, le public entonne *La Marseillaise*, la sono crache *We are the champions*, Noah danse *Saga Africa* sur l'estrade où Lama reçoit l'objet de tous leurs désirs. Et, pendant que, là-bas à Paris, les Champs-Élysées célèbrent l'événement, Michel Denisot balbutie : « C'est plus que le grand soir. Quand nous sommes arrivés il y a cinq ans, la Coupe d'Europe était notre objectif inavouable. Nous sommes devenus des grands d'Europe et je ne suis pas loin de pleurer... » A deux pas, Luis Fernandez exulte : « Je suis fier d'être le premier entraîneur français vainqueur d'une Coupe d'Europe. »

Puis les images se bousculent. Un vestiaire en folie, l'arrière d'un avion transformé en salle de bal, une fête improvisée au petit matin dans les locaux de Canal avec karaoké endiablé, une nuit sans sommeil, un déjeuner à la mairie de Paris suivi d'un pousse-café à l'Élysée, un inoubliable défilé sur les Champs baignés par 50 000 supporters, enfin la messe du Parc des Princes gâchée par des bagarres racistes. Terrible fausse note dans cette merveilleuse symphonie.

Merci Paris, merci Fernandez, merci Lama, merci Djorkaeff, merci N'Gotty, qui se souvient : « Sur le podium, j'ai dit à Luis : "Alors, je n'ai pas bien préparé mon match ? " Il a rigolé... »

Ils en rigolent tous encore, séparés par le destin des footballeurs, mais à jamais vainqueurs de la Coupe des Coupes 1996 avec le Paris SG.

Les héros à l'Élysée. En haut: Fernandez, N'Gotty, Nouma, Loko, Dieng, Lama, Chirac, Allou, Dutruel, Valdes, Le Guen, Bats, Amirèche; en bas: Bravo, Roche, Djorkaeff, Colleter, Llacer, Guérin, Cobos, Fournier.

FLORILÈGE
« UNE VICTOIRE HUMAINE PLUS QUE TACTIQUE »

Le Paris SG vainqueur de la Coupe des Coupes, c'est un événement que chacun a salué et commenté à sa manière. Nous avons picoré sans hasard ces quelques phrases, émouvantes, nostalgiques ou simplement belles:

Youri Djorkaeff: « Quand, sur le maillot, je vois la date de création du club (1970), je me dis que mon père était là au début et je me sens porté par une histoire. Franchement, ça fait quelque chose au cœur. »

Patrice Loko: « Remporter une Coupe d'Europe, j'en rêvais tout gamin, sans jamais vraiment y croire. »

Alain Roche: « C'est le plus beau coup de ma carrière. »

Bruno N'Gotty: « C'est une victoire humaine plus que tactique. »

Bernard Lama: « Émotionnellement, c'est très fort. D'autant que, pour la première fois depuis quinze ans, toute ma famille était réunie à Bruxelles. »

Michel Denisot: « Les quelques instants avant la remise de la coupe, j'ai eu envie qu'ils durent une éternité. C'était beau, j'étais très heureux pour les joueurs qui revenaient de l'enfer. C'est pour ça que je suis resté en retrait. »

Yannick Noah: « Je suis entré dans cette équipe comme dans une famille. J'aime ces mecs – j'en connaissais certains très bien, les autres m'ont accepté très vite –, je leur ai dit ce que je crois, sans arrière-pensées. Ce sont des athlètes superbes. »

Luis Fernandez: « La plus belle image qui me restera de cette finale? Quand je suis rentré avec Audrey vers 7 heures du matin, je suis allé dans la chambre des gosses et j'y ai déposé la coupe. Parce que, la coupe, je l'ai piquée. Je la méritais un peu, non? »

Ernst Dokupil (entraîneur du Rapid): « Le PSG mérite sa victoire et la coupe, il était plus fort, même s'il n'a pas été aussi bon que contre Parme. Mais je suis déçu par certains de mes joueurs, qui n'ont pas respecté les consignes. A la mi-temps, j'ai dû crier très fort... Sur onze joueurs, quatre seulement ont été courageux et accrocheurs, les autres... »

Fabien Barthez (vainqueur de la C1 avec l'OM en 1993): « J'ai retrouvé un peu de ce que j'avais vécu à Munich. C'est la première fois que je réalise exactement ce que nous avons réussi contre Milan en 1993. »

Noël Le Graet (président de la Ligue nationale): « Le PSG a été exceptionnel, il a surclassé sa finale. Son triomphe sanctionne officiellement les progrès de notre football. »

Basile Boli (buteur de l'OM en 1993, avec le maillot n° 4, comme N'Gotty...): « La couleur de la peau n'a rien à voir. Simplement, on remarque toujours plus les Blacks! Désormais, Bruno fait partie des noms qui comptent dans le foot français. »

Jacques Chirac (président de la République): « J'ai annulé un dîner officiel pour regarder la finale à la télé. Et j'ai compris comment on devient cardiaque! »

De la macédoine dans l'Intertoto

Bancarel roule sur Karlsruhe.

C'est le jour des grands départs. Le 1er juillet. Mais, pour les Girondins, il n'est pas question de vacances. Un match les attend au Parc Lescure. Un match qui ne ressemble à rien et dont on n'imagine pas encore qu'il peut rapporter si gros.

La Coupe Intertoto, dernière née des compétitions continentales, est encore surnommée la « Coupe à Toto ». C'est dire à quel point on la prend au sérieux. En tout cas, puisque Bordeaux, qui a raté l'Europe par la voie royale, est condamné aux chemins de traverse, au travail !

Le premier adversaire vient de Suède et s'appelle Norrköping. Il repart avec six buts dans ses valises. La suite est aussi belle : victoire 2-0 à Dublin contre les Bohemians. Victoire 4-0 contre les Danois d'Odense. Un petit match nul, 1-1, en Finlande à Helsinki, et voilà Bordeaux en huitième de finale contre les Allemands de Francfort.

L'affiche attire 11 000 personnes à Lescure et fait 11 000 heureux. Bordeaux s'impose haut la main grâce à trois buts inscrits en seconde période par Lucas, Dutuel et Zidane. Philippe Lucas a attendu quatre ans pour inscrire son premier but sous le maillot girondin : « Mes coéquipiers étaient tous morts de rire », dit-il.

Le président Afflelou, lui, dresse déjà ses comptes : « Si nous battons les Hollandais de Heerenveen en quart de finale, nous sommes en UEFA et nous avons droit aux 14 millions de francs du pool télé. »

« Ce match est capital. L'esprit Coupe d'Europe est là », déclare l'entraîneur Slavo Muslin. Il est même bien là, puisqu'à domicile Bordeaux s'impose 2-0. Dutuel et Lizarazu sont les buteurs du jour contre les Hollandais, qui ont eu deux joueurs expulsés.

« Cette Coupe Intertoto, on y croyait sans trop y croire, explique Christophe Dugarry. Cette fois, on réalise son importance. »

Voici venue l'heure du tour préliminaire et des matchs aller-retour. L'adversaire est allemand. Il vient de Karlsruhe. Un mauvais souvenir pour Bordeaux, éliminé de la même épreuve par cette équipe deux ans plus tôt. Zidane se souvient et tremble : « Au retour, on s'était fait sacrément bouger. C'est toujours pareil avec les Allemands, ils nous marchent dessus. Ça fait ch... »

Eh bien non, ce n'est pas toujours pareil avec les Allemands. Le match aller, qui se dispute en Allemagne, sourit aux Bordelais qui s'imposent 2-0 grâce à Dugarry et Dutuel. Entre ces deux buts, Karlsruhe a manqué un penalty.

« On a prouvé qu'on a passé un cap ; on sait voyager », se réjouit Muslin. Dugarry est épuisé : « Ils n'ont pas changé. S'il faut faire des matchs comme ça tous les mercredis... »

Dix minutes, les dix premières, suffisent pour plier le match retour. Le temps pour

Dugarry et Bordeaux sont inarrêtables. Même à Skopje.

Lizarazu de marquer deux fois, sur un penalty puis un centre tir. Du coup, on comprend mal le geste de Zidane, expulsé pour avoir balancé un coup de coude à un adversaire. A dix, les Girondins encaissent deux buts, concèdent le match nul, mais se qualifient aisément.

« Je suis inexcusable, reconnaît Zidane après la rencontre, mais je n'ai pas arrêté de prendre des coups. » Le lendemain, il change son fusil d'épaule : « Il n'y a pas de geste intentionnel de ma part. Je suis tout sauf bête et idiot. Nous menions 4-0 sur l'ensemble des deux matchs. »

Verdict de la commission de discipline : trois matchs de suspension.

Zidane rate le véritable coup d'envoi de l'épreuve en septembre.

Heureusement pour Bordeaux, l'adversaire est modeste. Il s'agit des Macédoniens du Vardar Skopje. « C'est un bon tirage », commente Muslin. La Macédoine, devenue indépendante en 1992, n'est pas une terreur, mais Muslin, à l'approche du match aller, à Skopje, devient prudent : « Les onze Macédoniens qui seront sur la pelouse sont prêts pour un terrible combat. » Mais non, Bordeaux est vraiment le plus fort. Deux buts d'Anthony Bancarel créent la différence. « Et encore, sourit le buteur du jour, j'aurais pu en marquer un ou deux de plus. » Lizarazu, en bon capitaine, tient un discours Coupe d'Europe pur jus : « Nous n'avons pas fait un grand match, mais nous avons gagné. »

Le retour s'annonce comme une formalité. Il se transforme en pensum pour les joueurs et les 6 000 spectateurs. Sans Zidane, Dugarry, Dutuel, Croci ni Tholot, les Girondins pataugent. Ils se font une petite frayeur quand Serafimovski ouvre le score (57e), se rassurent quand Lizarazu égalise sur penalty (62e) et sortent sous les sifflets.

« Nous avons fourni notre plus mauvais match de la saison », constate Muslin. « Notre équipe était bâtie de bric et de broc. Nous n'avons pas l'effectif pour jouer sur tous les tableaux », lâche Lizarazu.

Alors, Bordeaux va faire un choix. Qui n'est pas du tout celui que l'on croit, alors que l'été s'achève à peine…

Zidane, l'ange exterminateur

Tandis qu'il avance cahin-caha en championnat, Bordeaux a pris goût à l'Europe, où le Rotor Volgograd sera son prochain adversaire.

L'équipe russe a été éliminée par Nantes la saison précédente. Mais tout le monde se souvient surtout de la façon dont elle vient de se qualifier. Elle a fait chuter le grand Manchester United, privé il est vrai d'Éric Cantona, encore suspendu à cette époque.

« Ce n'est pas le tirage idéal, affirme Slavo Muslin. Sortir Manchester n'est pas une mince référence. »

Le match aller, qui se dispute en Gironde, ne se présente pas très bien. Zidane et Lizarazu suspendus, Tholot et Dugarry blessés sont absents. Muslin s'inquiète : « Il y a trop de matchs. Il n'est pas étonnant que ça pète. » Daniel Dutuel refuse de verser dans le pessimisme : « On vit un moment délicat de la saison, mais, sur un match, les jeunes sont capables de se hisser à la hauteur de l'événement. »

Pendant les quarante-cinq premières minutes, ce n'est pas vraiment le cas. Bordeaux tâtonne et bégaye son football. Pour ne rien arranger, le gardien Gaétan Huard commet une de ces énormes bourdes dont il va se faire une spécialité, en laissant échapper dans son but un centre sans aucun danger de Niedergaus (39e). « J'ai été ébloui par les projecteurs », dira-t-il plus tard. A cet instant, on ne donne pas cher

Prunier a du ressort contre le Rotor.

des chances bordelaises. Du coup, personne ne crache sur la courte victoire obtenue grâce à une tête d'Histilloles (48e) puis un penalty de Witschge (90e). D'autant plus que tout le monde, sauf l'arbitre, a vu que Guerachtenko a commis une faute sur Dutuel… en dehors de la surface de réparation.

Huard est soulagé : « Sur le coup, j'avais les larmes aux yeux. J'ai hâte d'être au match retour. Je veux ma revanche. » William Prunier, qui sera suspendu, a quand même le moral : « Je crois qu'on a toutes les chances de se qualifier. En Coupe d'Europe, on est bons à l'extérieur. »

Ce qui n'est pas le cas en championnat. Avant de partir pour la Russie, Bordeaux s'incline à Martigues, où Huard commet une nouvelle et impensable erreur, tandis que Zidane est expulsé. « Ras le bol les cadeaux, tempête le président Afflelou. On est mauvais. Les joueurs sont à bout. » Pas si à bout que ça, dans cette C3 qui sert de remontant. A la surprise générale, Bordeaux, après avoir contrôlé les débats, s'impose à Volgograd sur un but de Bancarel (83e). Muslin est heureux et surpris : « En championnat, avec une équipe identique, nous n'arrivons à rien de bon. » Huard peut rouler les mécaniques : « Je n'ai jamais douté. » Il était bien le seul dans ce cas.

Qualifié pour les huitièmes de finale, Bordeaux hérite du Betis de Séville, une solide équipe espagnole qui vient d'éliminer les Turcs de Fenerbahce et les Allemands de Kaiserslautern en remportant ses quatre matchs. Le président du Betis est ravi : « Bordeaux, c'est un bon tirage », dit-il. Lizarazu situe le débat : « C'est le premier grand choc européen de la saison. Pour se qualifier, il faudra absolument se surpasser. » Philippe Lucas a une vision des choses plus rassurante : « C'est certainement une bonne équipe, mais ce n'est pas une très grande équipe, sinon ça se saurait. »

Sur son terrain, Bordeaux dispute ce soir-là sa quatre-vingt-unième rencontre européenne, record de France battu. Séville est privé de quatre titulaires, tous blessés. Sous la pluie, Dutuel ouvre la marque en force en première période (23e).

A Séville, Zidane s'offre un but monumental. Et renversant pour le Betis...

Bordeaux au visage européen est dominateur. Les occasions s'accumulent de creuser le break. Il survient en fin de rencontre, sur une tête croisée de Croci (81e), qui inscrit là le premier but européen de sa carrière.

« J'avais dit qu'à 1-0 je serais content, se souvient Muslin. Vu notre deuxième mitemps, j'ai eu peur à 1-0 de sortir frustré. Mais attention, là-bas nous allons subir une pression terrible. »

« A Séville, c'est un stade de folie », confirme Lizarazu. Zidane tire le signal d'alarme après un nouveau dérapage en championnat à Saint-Étienne, agrémenté d'une toile, une de plus, de Huard : « Si durant un seul instant on pense comme en championnat et non comme en Coupe d'Europe, on est morts. On doit se dire qu'on joue dans une compétition dans laquelle on est forts. »

Zizou ne se contente pas de parler. Il agit. Dès la 4e minute, Bancarel prolonge de la tête un dégagement de Huard. Zidane est à la réception et, sans contrôle, de 35 mètres et du pied gauche, il lobe le gardien Jaro avancé. Le but est génial. *France-Football* en fera son « exploit de l'année 1995 ». « C'est un but de l'au-delà », dit Dutuel. Et Zidane raconte : « J'ai eu un maximum de réussite. Quand mes équipiers m'ont félicité, ils étaient cloués comme tout le monde. Je me rappelle avoir entendu sur le terrain : "Quel but, quel but !" J'étais aux anges. »

Et Bordeaux est au paradis. Séville n'a pas la force d'inscrire les quatre buts nécessaires à sa qualification. Il en remonte deux en première période, fait encore trembler les Girondins un quart d'heure après le repos, puis, épuisé, relâche sa pression. La fin est plus tranquille. Bordeaux se propulse vers l'Europe printanière.

« On est partis de tellement loin qu'aujourd'hui on se demande tous jusqu'où on peut aller », s'interroge Zidane. La question mérite effectivement d'être posée.

Comme un ouragan

« C'est pas de pot pour Milan. » La première réaction d'Alain Afflelou après le tirage au sort des quarts de finale de la C3 est pour le moins provocatrice. « On va rencontrer la meilleure équipe du monde, mais nous ne sommes pas éliminés, ajoute le président bordelais. S'il y avait cinq matchs à jouer, il n'y aurait pas photo. Mais sur deux rencontres... »

William Prunier est moins vaillant : « Merde, Milan... A force d'entendre tout le monde dire qu'il fallait surtout éviter Milan, je me suis mis à penser la même chose. » Et Muslin voit haut : « Milan, c'est comme une montagne que nous devrons aborder sans pression. »

Prunier, Muslin, deux symboles de la vie agitée des Girondins. Quand arrivera le mois de mars, ils ne seront plus là. Le premier purement et simplement viré pour quelques dérapages caractériels, le second pour accumulation de contre-performances.

Début février, le fidèle Gernot Rohr, vingt ans de club, a abandonné les jeunes

A Milan, Zidane et Bordeaux sont étouffés par Vieira, Maldini & Co. Jusque-là, tout est... normal.

Desailly est un géant pour Lucas, Croci et Zidane...

du centre de formation pour prendre le relais. Il adopte d'abord un profil bas : « Il reste la Coupe d'Europe, mais nous sommes tous des gens intelligents. Comme nous affrontons le Milan AC, l'objectif est tout simplement de faire honneur à notre maillot. Je ne suis pas et n'ai jamais été un rêveur. »

Du côté de Milan, on ne s'affole pas vraiment. Quinze jours avant le match aller, le défenseur Paolo Maldini admet qu'il ne connaît même pas l'ordre des rencontres.

Quand enfin le match aller se profile à l'horizon de San Siro, Bordeaux est quinzième du championnat, tandis que Milan caracole en tête du Calcio. La suspension de Weah et la blessure d'Albertini ne suffisent pas à inverser la courbe des pronostics. Pas plus que la maladie de Boban. Celle-ci fait le bonheur de Patrick Vieira, auquel Capello offre enfin une chance après quatre mois de présence au club.

« Je ne pense pas que je flipperai, dit l'ancien Cannois. Je suis prêt. C'est un moment que j'attendais depuis longtemps. J'ai fait beaucoup de progrès depuis mon arrivée. »

Du côté des Girondins, le stress est à la mode. De Huard (« On va essayer de ne pas sombrer dans le ridicule. ») à Croci (« C'est en entrant sur le terrain avec les onze Milanais à nos côtés que ce sera le pire. ») en passant par Zidane (« C'est le match le plus difficile de la saison. ») et Rohr (« J'espère simplement qu'on ne prendra pas une valise. »), chacun y va de sa petite angoisse. « Bordeaux a autant de chances d'éliminer Milan que le mulet du curé de Mérignac de remporter le Prix d'Amérique », peut-on même lire dans *L'Équipe*.

Alors, dans ces cas-là, rien ne vaut la bonne méthode Coué, que Lucas utilise à plein : « Lâchons-nous. Essayons de vivre ce match comme une rencontre ordinaire. » Rohr veut vivre d'espoir : « Si on accroche le grand Milan, on en parlera encore dans dix ans. » Et Croci rêve : « On se dit que ce n'est pas mission impossible. Entre nous, on rigole. On s'imagine se qualifier et la fête qu'il y aura à Bordeaux. »

Christophe Dugarry, lui, a du vague à l'âme : « Affronter Milan, j'en rêve. Si on fait tout ce qu'il faut, on ne sera pas ridicules. Mais la fête est un peu gâchée. Nous

… Rossi est imbattable pour Dugarry et Witschge.

avons trop de soucis en championnat pour savourer complètement. »

Avec tout ça, Fabio Capello, l'entraîneur italien, peut tenir un discours un peu hautain : « Bordeaux est apparemment moins costaud en défense qu'en attaque. Ils ont pris pas mal de buts. Mais nous respectons toutes les équipes. »

L'affiche ne bouleverse pas la Lombardie ; 22 000 spectateurs seulement assistent au tranquille succès du Milan AC, obtenu grâce à deux buts de Eranio (29e), d'une frappe peu puissante qui surprend Huard, et Baggio (75e), qui transforme un coup franc d'un tir en pleine lucarne. Bordeaux ne s'est créé qu'une seule occasion par Witschge (67e) et surtout, sans jamais faire mauvaise figure, a subi en permanence les événements. Milan a tranquillement déroulé son jeu, sûr de sa force et de son destin.

Du côté bordelais, on préfère positiver. Gernot Rohr s'accroche aux branches : « Compte tenu de notre situation actuelle, je ne suis pas mécontent. Nous allons pouvoir prolonger un petit peu le rêve. Avant le match aller, j'estimais nos chances à 10 %. Je n'ai pas changé d'avis. »

Christophe Dugarry regarde la réalité en face : « Nous n'avons pas été ridicules. Néanmoins, je n'ai jamais vu une équipe être ridicule ici. Le problème, c'est que les Milanais savent toujours se mettre au niveau supérieur de leurs adversaires. »

Huit fois par le passé en Coupe d'Europe, Milan s'est imposé 2-0 chez lui au match aller, et huit fois il s'est qualifié. Même les statistiques jouent contre les Girondins. Pourtant, un succès en championnat contre Metz (4-0), entre les deux tours, les requinque.

« De la déception, le groupe est passé à l'espoir », affirme Rohr. Il faut croire en nos chances, même si nous n'en avons qu'une et demie sur dix. » Tiens, tiens, la cote interne est à la hausse. Faut-il y voir un signe ? « Dans l'histoire, ajoute l'entraîneur bordelais, nous ne risquons qu'une chose : créer l'exploit. Quand on marque quatre buts à Metz, on peut en mettre deux à Milan. C'est peut-être un monstre, mais il n'est pas imbattable. Je veux absolument que les joueurs se mettent dans la tête que l'exploit est réalisable. »

« Jouons avec le cœur, le foie, les tripes », réclame Bancarel. Et Zidane voit

A Bordeaux, Weah est réduit au silence par la charnière Friis-Hansen–Dogon. L'exploit n'est pas loin...

très loin : « Si nous ouvrons la marque très tôt, nous pouvons les faire douter. On a envie de se surpasser. Si l'on gagne, on peut envisager d'aller en finale et même pourquoi pas de la gagner. Je rêve peut-être un peu, mais ça fait du bien de rêver. »

Et l'incroyable se produit. Le rêve insensé devient éclatante réalité dans un Parc Lescure chauffé à blanc.

A l'échauffement, les Italiens font « mumuse » avec la balle, tandis que les Girondins, soudés, montent en puissance. Le contraste est saisissant entre la suffisance des uns et la volonté des autres.

Depuis dix-huit ans, Milan n'a plus été battu par trois buts d'écart en Coupe d'Europe. Seulement, au cours de cette bouleversante soirée, tout cela ne compte plus. Plus rien ne compte, sinon la dimension gigantesque de l'exploit.

Tout commence par un centre de Lizarazu que Tholot reprend en extension. L'intervention du gardien Ielpo est tardive. Le ballon a déjà franchi la ligne (14e). Pris à la gorge, les Milanais ne réagissent guère. Quand ils ont la balle, ils se contentent de la faire tourner sans se rendre compte que, pour eux, le pire est à venir. Fabio Capello, de son côté, s'inquiète sérieusement, après une fin de première période difficile pour sa formation. A la mi-temps, il effectue même quelques changements tactiques qui, l'espace d'un quart d'heure, semblent faire de l'effet.

Trompeuse impression. Bordeaux prend son souffle et son élan pour le plus sensationnel KO de la saison. Avec Zidane à la baguette et Dugarry à l'exécution, le club girondin vit la demi-heure la plus folle, la plus exaltante de son histoire.

Une faute de Vieira déclenche la tornade. Zidane tire le coup franc en force. Le ballon, contré, revient sur Dugarry. Dos au but à 15 mètres de la ligne, l'attaquant girondin se retourne et marque du pied gauche (64e). Lescure, qui n'en croit pas ses yeux, chavire bientôt quand Zidane distille une merveille d'ouverture pour Dugarry, dont la sensationnelle frappe croisée en force des 18 mètres s'engouffre sous la transversale de Ielpo.

L'exploit est là. Il faut tenir, maintenant, résister. Compter les minutes interminables, les secondes languissantes. Huard s'oppose à un tir puis à une tête de Weah, qui joue depuis la première mi-temps avec un bras cassé. Les 30 000 spectateurs retiennent leur souffle.

Enfin survient la délivrance. Bordeaux entre dans la légende du football. Sur la pelouse, c'est l'hystérie collective. Une sarabande endiablée s'improvise. Dans la tribune, Alain Afflelou saute dans les bras du

Premier ministre et maire de Bordeaux Alain Juppé, qui lui demande : « Ça y est ? C'est fini ? On est qualifié ? C'est irrémédiable ? » Les rires se mêlent aux larmes et aux hurlements.

Côté milanais, Marcel Desailly, comme ses camarades, est accablé : « J'ai honte de notre première mi-temps. Nous avons été des fantômes. A voir comment certains Milanais, moi compris, se laissaient dribbler, j'ai compris qu'on allait avoir du mal. »

Côté girondin, on ne trouve pas toujours des mots à la dimension de la colossale performance. « On ne devait pas se dégonfler, dit Rohr. Contre Milan, je le dis très sincèrement, il faut parfois savoir mettre le pied. Il y avait une formidable envie d'accomplir ce miracle. »

Didier Tholot se pince pour y croire : « C'est fabuleux. C'est extraordinaire, car je marque contre Milan. » Lizarazu se frotte les yeux : « Quel exploit ! Maintenant, il faut la gagner cette C3. »

Mais la vraie star de la soirée, c'est bien sûr Christophe Dugarry, qui vient d'inscrire ses premiers buts de l'année 1996. L'atypique Dugarry porte sur le football un regard plein de charme et de sensibilité. Quand il sort du vestiaire la chemise déboutonnée, la cravate de guingois, il déclare : « Nous sommes allés chercher cet exploit au fond de nous. Depuis quelques jours on sentait qu'il se passait quelque chose dans l'équipe. J'y croyais un petit peu. Je savais que Milan pouvait craquer. C'est un moment fabuleux pour moi. J'ai passé beaucoup de temps à me soigner et à me poser des questions. Alors, je ne peux être qu'au paradis. »

Rohr porte sur son attaquant un regard plein de tendresse : « C'est un artiste. Je sais qu'on ne pourra pas le changer. Il faut simplement essayer de le canaliser. »

Dugarry l'artiste, Dugarry l'original avec ses idées parfois surprenantes, parfois rafraîchissantes : « J'ai toujours préféré Milan à Barcelone... J'ai toujours été persuadé qu'il était plus facile de marquer que d'empêcher de marquer... Je ne me suis jamais dit que j'avais Maldini ou Baresi en face de moi. De toute façon, un Baresi, un Maldini, ça se dribble aussi... Je n'ai pas la force d'un buteur né. Je ne suis pas Papin, mais je suis capable de marquer des buts. Deux buts au Milan, ça donne de la confiance. »

C'est à la transformation d'un aiglon en aigle que l'Europe entière vient d'assister, en même temps qu'à un événement phénoménal qui restera gravé dans toutes les mémoires comme une preuve supplémentaire que l'impossible n'existe pas.

Un Dugarry extraordinaire, malgré Vieira, marque deux des trois buts qui propulsent Bordeaux dans la légende.

Décollage de la fusée Lucas, dont la mission est de détruire le Slavia Prague. Les Bordelais sont des extraterrestres !

« C'est mon mari qui a marqué ! »

Dugarry encore décisif.

Le plus dur n'est pas de triompher, mais de confirmer. Derrière cet adage se cache un piège dans lequel sont trop souvent tombés les clubs français en Coupe d'Europe. Confirmer, c'est ce que l'on demande aux héros bordelais, bombardés par leur exploit planétaire contre Milan au rang envié mais exposé de favoris de la C3. Attention aux chevilles qui gonflent, aux têtes qui enflent, aux cigares qui s'allument. D'autant que le tirage au sort des demi-finales offre à Bordeaux non pas le Bayern Munich ou le FC Barcelone, les deux monstres encore en lice, mais le Slavia Prague, un client sans référence sinon qu'il a sorti Lens en huitièmes et l'AS Roma en quarts. L'Euro 96 n'a pas encore révélé tous ses secrets…

« C'est le meilleur tirage ! » s'enflamme Dugarry. « Nous avons une chance historique d'entrer dans une finale de Coupe d'Europe », se réjouit Lucas. « Si le public bordelais se comporte comme contre Milan, il ne peut rien nous arriver », assure Lizarazu. L'enthousiasme des joueurs bordelais inquiète leur entraîneur. « Moi, je préférais le Bayern ou le Barça, corrige Gernot Rohr. Je souhaitais éviter cette équipe qui est la moins prestigieuse de toutes, mais qui est redoutable. Le Slavia sera autrement plus difficile à contrer que Milan, car il va jouer sans arrière-pensées, comme nous l'avons fait contre les Italiens. Un gars comme Poborsky est aussi bon que Savicevic. »

Ainsi travaillés au corps par leur visionnaire de coach, les Bordelais s'envolent pour la République tchèque avec du plomb dans la tête. Ne sont-ils pas quinzièmes du championnat ?

A Prague, le stade est vétuste, les spectateurs seulement 17 523, le froid glacial et le terrain bosselé. Mais le match de très haut niveau. Les Tchèques, dont la défense est décimée par les suspensions de Suchoparek et Penicka, abandonnent leur jeu de contre pour se lancer résolument à l'attaque, et ils déferlent par vagues sur le but de Huard. La furia du Slavia se heurte pourtant au brio de Bordeaux.

Les Girondins sont tout simplement injouables. Ils défendent très haut, s'organisent à merveille et réalisent une première mi-temps de rêve, « fabuleuse », dira le président Afflelou, « parfaite » d'après Zidane, « dans une sorte d'état de grâce », selon Huard. Ils profitent de l'arrière-garde rajeunie de leur adversaire pour marquer dès la neuvième minute sur un modèle de contre-attaque, menée par un trio qui éclaboussera toute la rencontre de sa classe : Witschge relance vers Zidane, qui efface un défenseur et sert Dugarry, seul à 10 mètres du gardien Stejskal (1-0). Les Tchèques encaissent là leur deuxième but à domicile en cinq matchs de Coupe de l'UEFA.

Le festival bordelais ne fait que commencer. Dugarry et Zidane se procurent

Tholot vient de marquer et s'envole vers la finale de la C3.

deux occasions chacun, dont une échoue sur le poteau, si bien que le Slavia peut s'estimer heureux de ne pas compter trois ou quatre longueurs de retard au repos. Nullement impressionnés, Smicer et sa bande se réveillent, bousculent des Français qui subissent et ne s'en sortent, dans le dernier quart d'heure, que par un sauvetage sur sa ligne de Lizarazu puis une parade décisive de Huard sur une frappe de Bebjl. « Quand on est footballeur, c'est pour vivre des moments comme ceux-là », glisse Dugarry, qui ajoute : « Notre aventure est tellement incroyable et même incompréhensible qu'on ne se met aucune pression. Depuis le début, en Coupe d'Europe, on a simplement envie de prendre du plaisir. » Celui de Prague restera l'un des plus intenses.

Le match retour est un événement considérable à Bordeaux. Pour répondre aux quelque 100 000 demandes de billets qui parviennent au siège du club, on installe des écrans géants au Parc des Expositions. A Lescure, balayé par le vent, ils sont 30 600 et ça décoiffe. Mais les joueurs sont visiblement crispés et leur stress est contagieux. Une sorte de psychose collective gagne les gradins : et si le Slavia, qui s'est toujours qualifié à l'extérieur cette saison, marquait un but ?

Heureusement, il y a Didier Tholot. L'ancien avant-centre de Martigues, victime d'un grave accident de voiture à l'automne 1995 et titulaire pour la deuxième fois seulement en Coupe d'Europe après Milan, a promis de marquer. La seconde mi-temps vient de commencer quand, sur une longue ouverture de Witschge, il file côté droit et fonce jusqu'à l'entrée de la surface. La suite ? « Je fais un crochet et ça passe. Là, je me souviens que le gardien tchèque est grand, alors je veux tirer à ras de terre, mais je rate mon coup et je vois le ballon monter. Le gardien repousse. Moi, j'ai suivi et je marque du gauche. C'est marrant, parce que j'avais dit deux fois avant le match à Huard que le gardien tchèque allait relâcher un ballon… »

Pendant que 8 millions de téléspectateurs français bondissent de leur fauteuil, que Lescure et le Parc des Expos explosent, Didier « Zorro » Tholot fait l'avion. Il est sur son nuage. Sa femme, elle, se bat sous la tribune. Mme Tholot est descendue à la mi-temps chercher des boissons pour les enfants et elle a raté le coup d'envoi. « En remontant, j'ai vu sur un écran télé le but de Didier. Je voulais pénétrer dans la tribune pour rejoindre la clameur, mais il y avait trop de monde. Je criais : “Laissez-moi passer, c'est mon mari qui a marqué ! ” »

Il a marqué et Bordeaux est presque au paradis. Le temps pour Huard de s'envoler vers sa lucarne sur un coup franc de Poborsky, pour Zidane d'inscrire un but valable mais refusé, et c'est gagné. C'est confirmé. Les moribonds du championnat sont décidément irrésistibles en Coupe d'Europe.

Cette finale aux portes de laquelle les équipes de Claude Bez ont frappé en vain deux fois, en 1985 contre la Juventus et en 1987 face à Leipzig, les Girondins l'atteignent enfin. « Allons enfants de la patrie… » entonne solennellement le public, pendant que les joueurs, torses nus, disparaissent dans une indescriptible marée humaine. « Ce que je ressens, c'est plus fort que de la joie », ose Toyes, le seul gamin de la bande.

« On nous a pris pour des peintres ou des pitres avec cette Coupe Intertoto, avouez que ça valait la peine ! exulte Alain Afflelou. J'ai l'impression qu'il y a quelque chose de tracé ou d'écrit. C'est un sentiment particulier mais, quand on regarde notre parcours, on se dit que cette Coupe de l'UEFA, elle est pour nous. »

Il reste à passer sur le ventre du Bayern, impressionnant vainqueur au Nou Camp de Barcelone (2-1). Mais, à Bordeaux, personne n'en doute.

Qu'avez-vous fait, Duga et Zizou ?

Huard retrouve Papin. Une histoire d'OM.

Il n'est pas banal de perdre une finale de Coupe d'Europe en demi-finale. Mais le mot « banal » n'appartient pas au vocabulaire bordelais cette saison. L'ahurissant parcours européen des Girondins réserve une ultime surprise, mauvaise celle-là. Car ce n'est pas le Bayern Munich qui met fin à leur belle aventure en finale, c'est le Slavia Prague au tour précédent, qu'ils ont pourtant éliminé mais contre lequel ils ont reçu deux cartons jaunes aussi stupides qu'inutiles. Le premier pour Zidane, coupable d'une main stupide et inutile ; le second pour Dugarry, coupable d'avoir joué la montre stupidement et inutilement. Deux suspensions d'une stupidité et d'une inutilité affligeantes. « Notre qualification est formidable, mais on y laisse des plumes », a lâché pudiquement Huard. Des plumes ? Des poids lourds, oui. Quand Zizou et Duga tombent à l'eau, qu'est-ce qui reste dans le bateau bordelais ? Rien qu'un simple équipage, sans boussole ni figure de proue, sans commandant de bord ni force de frappe. Un équipage ordinaire. Insuffisant pour une mission aussi extraordinaire.

Au Stade Olympique de Munich, quand débute la finale aller de la C3, Dugarry et Zidane sont donc dans une cabine de télévision. Sur la pelouse, il y a un Allemand naturalisé français nommé Gernot Rohr, qui retrouve le club de sa jeunesse chaotique avec des trémolos dans la voix. « Voilà quelques mois, je rêvais de diriger Bordeaux en finale de la Coupe d'Aquitaine avec les Juniors. Je me retrouve à Munich pour rencontrer le Bayern, c'est une histoire incroyable... » Il y a aussi Bancarel, le remplaçant de Dugarry : « C'est ma chance, mais c'est avant tout la récompense pour tout ce que j'ai fait cette saison en Coupe d'Europe. Et j'attends toujours la première parole de remerciement d'un dirigeant ou de quelqu'un d'autre... » Il y a Dutuel, chouchou de Muslin et âme damnée de Rohr, désigné remplaçant de Zidane par la force des choses : « Je vais essayer de bien finir aux Girondins. Ici, on ne m'a fait aucun cadeau. Quand Rohr dit qu'il aimerait n'avoir que des Croci dans le groupe car ce serait plus simple à gérer, moi je réponds que c'est facile à dire. Je ne suis pas fait pour vivre dans un monde où tous les gens trichent. » Bonjour l'ambiance... Qui y a-t-il encore ? Ah ! Grenet, un gamin de 21 ans qui vient de signer son premier contrat pro. Il remplace le prometteur Toyes, blessé cinq jours auparavant à Nice, où Bordeaux a encore perdu (0-1). Il y a Friis-Hansen, dont l'option n'a pas été levée la veille, date butoir, et qui sait dorénavant qu'il quittera le club... Il y a Witschge, plus orphelin que tous les autres et pas vraiment mis en confiance par sa défaite, huit jours plus tôt avec les Pays-Bas, contre les cinq internationaux alle-

Le Bordeaux de Lizarazu bute sur Kahn...

... Le Bayern de Klinsmann bute deux fois!

mands du Bayern... Tiens, il y a aussi un banc de touche entièrement issu du centre de formation. Il y a surtout la pression d'un enjeu colossal: la qualification pour la prochaine Coupe de l'UEFA et donc, probablement, la survie du groupe actuel.

Les gens du Bayern s'accommodent mieux de la suspension de Strunz. Ils viennent néanmoins de perdre, à domicile contre Rostock (0-1), leur première place de la Bundesliga au profit de Dortmund, futur champion. Et, dans la foulée, leur entraîneur Otto Rehhagel, viré en une demi-heure pour insuffisance de résultats et incapacité à gérer le conflit entre le clan Matthaus et le clan Klinsmann.

Mais il reste du beau linge sous la tunique rouge. A commencer par Franz Beckenbauer, président auto-proclamé entraîneur par intérim, sans enthousiasme mais en sauveur charismatique. Il y a bien sûr le surdoué des surfaces Klinsmann, le dinosaure Matthaus, le magicien Scholl et même le revenant Papin. Le Français aux trente buts en trente-trois matchs européens est titulaire et fier de l'être : « Rehhagel m'avait dans le nez, il ne m'a jamais accordé sa confiance. Franz, comme entraîneur, c'est le top. Lui, au moins, il sait de quoi je suis capable, il sait que j'aurai les crocs et qu'il ne regrettera pas de m'avoir aligné. Alors je gagne cette coupe et je m'en vais. »

Et puis il y a un match. Bien évidemment, les Bordelais sont extraordinaires de courage, d'obstination, de toupet. C'est leur Coupe d'Europe ! Ils se fabriquent une demi-douzaine d'occasions par Tholot, Bancarel, Dutuel et Lizarazu. Mais Kahn devine toutes les trajectoires et, quand le gardien allemand est battu, Ziege puis Papin sont sur sa ligne pour le suppléer. « Si on avait eu Dugarry devant et un gardien un peu moins en état de grâce en face, on repartait avec au moins un but et ça changeait tout », regrette Afflelou.

Bordeaux repart sans avoir marqué mais en ayant encaissé. Deux buts que le Bayern doit à son prodige Mehmet Scholl pas suspendu, lui : un corner d'abord, qu'il dépose sur la tête chercheuse et surpuissante de Helmer (34e), une frappe chirurgicale ensuite, qu'il place à la sortie d'une percée au bistouri entre Croci et Dogon (60e). 0-2, allez, le handicap est un peu injuste. Mais il aurait pu être plus important sans un exploit de Huard dans les dernières secondes, qui détourne sur sa barre un tir de Wietczek et voit Klinsmann, seul devant la cage vide, dévisser sa reprise. « Je suis content qu'on n'ait pas marqué ce troisième but, car mes joueurs se seraient déjà crus vainqueurs », dit sans rire Beckenbauer, dont les chères têtes blondes ont quand même levé les bras au coup de sifflet final… « Et pourtant, on y croit », titre gentiment *L'Équipe*. Le retour des deux suspendus et le souvenir du 0-2 de Milan – mille fois plus chanceux, il est vrai – entretiennent le rêve. « Je reste optimiste, explique Rohr, d'autant que le Bayern m'a semblé moins fort que Milan. On peut leur en mettre quatre ! »

Au retour, Bordeaux a la fièvre. Le maintien définitif en D1 et la victoire « exemplaire » du Paris SG en C2 une semaine plus tôt ont fait monter de quelques degrés supplémentaires le thermomètre de la confiance. Celui des transferts s'affole carrément autour des stars girondines. Enfin, celui du public éclate sous la chaleur. Jamais le Parc Lescure n'avait manifesté tant d'amour pour son équipe, qu'il accueille par un « tifo » de 35 000 panneaux multicolores. Quel spectacle !

Le Bayern, dont sept joueurs sont sélectionnés pour l'Euro, doit se passer de Papin, présent mais suspendu. Qu'importe, les Allemands relancent un certain Emil Kostadinov, auteur de quatre buts en trois matchs depuis l'aller.

Après une première demi-heure appliquée et pleine de promesses pour les Girondins, qui se veulent offensifs avec Bancarel au poste d'arrière droit mais qui restent prudents et calculateurs, le bourreau des Bleus en 1993 avec la Bulgarie devient celui de Bixente Lizarazu. Sur un tacle du défenseur basque, Emil laisse traîner ses crampons et lui entaille le genou sur douze centimètres (28e). « Je commets une erreur de jeunesse, raconte Bixente après son évacuation à l'hôpital. Dans ce genre de contact, on ne doit pas arriver le premier. Kostadinov m'a mis le pied bien comme il le fallait, cela fait partie du vice. Les images, je les verrai dans trois siècles et demi… »

Il n'y a plus de match. Bordeaux est subitement désorganisé, déséquilibré, manchot de son bras gauche si précieux en contre-attaque. « En perdant Liza, on a perdu beaucoup », dira Dogon. Ils perdent les pédales. A la 53e minute, sur une talonnade de Kostadinov, Scholl expédie un tir dévié par Croci qui surprend Huard (0-1). Les Girondins doivent désormais marquer quatre fois. Tholot trouve bien l'ouverture, mais sa frappe rageuse s'écrase sur le poteau (55e). Et c'est encore Kostadinov qui remue le couteau dans la plaie : corner de Scholl, Huard en retard, Emil

La blessure de Lizarazu désorganise les Girondins.

Witschge a tout tenté, mais Scholl est le héros du triomphe allemand.

qui saute pile et met dans le mille (67e). Ça ne vous rappelle rien ?

Quand Dutuel réduit le score sur un coup franc direct que cafouille Kahn (76e), il fonce vers le banc de touche, non pas pour fêter sa réussite, mais pour exhiber son numéro 14 de remplaçant sous les yeux de Gernot Rohr, geste vengeur qui préfigure la foire d'empoigne annoncée et l'éclatement inéluctable de l'effectif.

En attendant, les Allemands ajoutent un troisième but, subtile déviation de Klinsmann sur une tentative de Strunz (78e). C'est le quatorzième but européen de la saison de l'ancien Monégasque, qui égale le record du genre détenu par Altafini (1963), Emmerich (1966) et Wark (1981). Le Bayern, lui, s'octroie logiquement la seule des trois Coupes d'Europe qui manquait à son prestigieux palmarès et revient au sommet du football continental vingt ans après sa dernière victoire, en C1, face à… Saint-Étienne.

Beckenbauer a gagné son pari. Pourtant, à la surprise générale, il confie : « Je suis tombé amoureux de cette équipe de Bordeaux. Son jeu me plaît et m'impressionne vraiment, surtout sa capacité à toujours faire vivre le ballon. Au niveau du style, le football allemand est à des années lumière de ce que j'ai vu faire aux Girondins. »

C'est sur ces mots doux – et l'oubli pur et simple de Papin dans sa chambre d'hôtel le lendemain matin ! – que la délégation allemande tire sa révérence, laissant les Bordelais anéantis mais sans regrets. Rohr admet d'ailleurs : « Nous avons perdu cette finale il y a quinze jours en ne concrétisant pas nos nombreuses occasions, et même il y a un mois, au retour contre le Slavia, avec les deux cartons stupides reçus par Dugarry et Zidane. » Stupides et tellement inutiles.

On n'oubliera pourtant pas ce Bordeaux 1995-96, cru déroutant dont les bouteilles réservées à l'exportation sont à classer parmi les plus gouleyantes de tous les temps. Son fantastique marathon de vingt matchs – un demi-championnat ! – et l'immense « perf » réalisée contre Milan méritent de passer à la postérité.

La prise de quart

Champion planant et enthousiasmant, Nantes se retrouve un peu démuni quand sonne l'heure de recueillir les fruits du titre. Au pied de la Ligue des champions, les Canaris se présentent sans Karembeu ni Loko partis se faire admirer ailleurs, sans Ferri ni Pedros suspendus, sans Ouédec ni Capron blessés. Une véritable horreur.

Quatre jours avant de recevoir Porto, grand favori d'un groupe qui comprend aussi le Panathinaikos d'Athènes et le Dinamo Kiev, une sévère défaite à Bastia (4-1) fait très mal.

« Ils ont du mal à supporter ce qu'ils sont devenus », regrette l'entraîneur Jean-Claude Suaudeau, qui ajoute : « Il y a trois mois, quand nous sommes devenus champions, je me demandais avec quel effectif j'allais disputer la C1. Aujourd'hui je le sais, et le rapport de forces n'est vraiment pas en ma faveur. Il faudra un esprit de combattants. La Coupe d'Europe se joue au mental. »

Du côté des joueurs, on entretient l'espoir comme on le peut. « C'est un challenge excitant, nullement paralysant », dit Guyot.

Les grands débuts des Nantais en C1 ne se passent pas trop mal. L'enjeu aidant, les Jaunes, très opiniâtres, tiennent tête aux Portugais qu'ils bousculent même en fin de rencontre. Le 0-0 est équitable.

« D'un côté, explique Suaudeau, nous ne pouvons pas être satisfaits, car nous étions chez nous. D'un autre côté nous pouvons l'être, compte tenu de la jeunesse de l'équipe. On a rivalisé avec une bonne équipe. On l'a mise en danger. »

Pedros et Ouédec : la rage de vaincre.

Pour Bruno Carotti, néo-Nantais, le bilan est positif : « On a retrouvé notre agressivité, notre sérieux. »

Suaudeau voit déjà plus loin : « Le tournant de cette poule se situera à Athènes, lors de notre prochain match. A condition que nous ne perdions pas. »

En vérité, le tournant survient plus tôt que cela. Une semaine après sa victoire (1-0) face au Panathinaikos, le Dinamo Kiev est exclu de la Coupe d'Europe. Les dirigeants ukrainiens ont tenté de corrompre l'arbitre espagnol Antonio Lopez-Nieto. L'Union Européenne est impitoyable. A la porte le Dinamo, qui est remplacé par le club champion du Danemark, Aalborg, qui a eu la chance de se trouver sur la route de Kiev lors du tour préliminaire.

Cette nouvelle donne fait bien l'affaire des Nantais.

Mais pour l'instant, direction Athènes et son étincelant attaquant polonais Warzycha, auteur de cinq buts lors du match de championnat précédant la venue du champion de France. Pendant ce temps, celui-ci continue à souffrir dans l'Hexagone.

Si la rentrée de Ouédec est un soulagement, elle ne suffit pas à gommer le scepticisme ambiant. Alors Nantes cherche de bonnes raisons d'y croire. « L'événement peut sublimer une équipe. C'est souvent le cas en Grèce », affirme Cauet, qui a des souvenirs marseillais plein la tête. « Si on récupère notre vitesse de jeu de l'an dernier, on peut rivaliser », estime Suaudeau, qui souligne aussi à quel point l'annulation de la défaite à Kiev peut avoir « un effet psychologique énorme » sur les Grecs.

Ce n'est pas tant cet effet qu'une véritable infériorité qui envoie les Nantais au supplice. Non seulement ils perdent 3-1, mais ils s'en tirent à bon compte. Ils ont été dominés dans tous les compartiments du jeu. C'est Georgiadis qui ouvre le score (16e) tranquillement après un corner dévié de la tête par Kalitzakis. C'est ensuite l'inévitable Warzycha qui profite d'une incroyable bévue de Decroix pour régler le sort du match. Dès le début de la seconde

Guyot et Le Dizet tombent face au Panathinaikos du Polonais Warzycha.

période, c'est encore Warzycha qui accable les Nantais, après une sortie à contretemps de Marraud. Le but de N'Doram (87e) adoucit à peine la défaite.

« On n'y était pas », regrette Marraud. Quant à Rocha, l'entraîneur argentin du Panathinaikos, il est sans pitié : « On ne peut jamais imaginer qu'une victoire va vous sourire aussi facilement. » Suaudeau est abattu : « C'est un scénario catastrophe. On s'est mis en difficulté tout seuls. Il faut 9 points. Il m'en manque 8 en quatre matchs. Sincèrement, là, comme ça, je ne vois pas comment les prendre. »

Suaudeau, qui prend tout sur lui et adore s'identifier à son équipe, n'a pas retrouvé un gros moral avant la visite d'Aalborg, quinze jours plus tard : « Même si je gagne mercredi, dit-il, je ne serai ni bien ni mal placé. Tout sera encore à faire. »

Mais tout sera quand même plus simple en cas de succès. Robert Budzinski, le directeur sportif, choisit de positiver : « Plutôt que de match de la dernière chance, je préfère parler de match de la première chance. » Quant à Nicolas Ouédec, il brandit l'étendard de la révolte : « Comme la France en Roumanie la semaine dernière, nous devons nous frayer un passage pour poursuivre le chemin. Nous devons le forcer. »

Bonne nouvelle pour Nantes, Reynald Pedros est de retour. Mais son discours est presque inquiétant : « J'ai pénalisé l'équipe, mais je ne regrette jamais ce que je fais. Je serai certainement encore suspendu dans le futur. C'est comme ça. »

Sous l'impulsion d'un Ouédec très remonté, Nantes s'impose 3-1. Dès l'entame, l'avant-centre international ouvre le score sur un centre de Kosecki (4e). C'est son dixième but en Coupe d'Europe. Stupeur quand Pedersen égalise après le repos (47e), mais bonheur lorsque Pedros reprend en pleine course un centre de Ouédec (57e). Aalborg se crée alors trois occasions d'égaliser, mais c'est Kosecki, lancé par Ouédec, qui clôt la marque (75e).

« Gagner suffit à mon bonheur », lâche Suaudeau qui ajoute, lorsqu'il apprend que Panathinaikos s'est imposé à Porto : « Les Grecs sont tout sauf des clowns. » Pourtant dans la foulée, en match en retard, ces mêmes Grecs s'inclinent à Aalborg. Suaudeau et Budzinski, qui assistent à la rencontre, partent à dix minutes de la fin et ratent le but décisif. Un but qui arrange drôlement les Canaris. A mi-course, le « Pana » a 6 points, Porto et Nantes 4, Aalborg 2.

Avant le match retour contre Aalborg, Suaudeau pose l'équation à sa façon : « Elle est curieuse, cette équipe danoise. Je la regarde, je me trouve costaud, je pense que je ne vais pas rencontrer de problèmes. En plus, je l'ai battue 3-1. Seulement, les Danois ont gagné 2-1 devant les Grecs qui m'avaient fusillé. Alors ? »

Alors Nantes, qui profite du retour de Ferri, s'impose à Aalborg. Une drôle de victoire avec une drôle d'équipe qui ne compte que trois défenseurs, ce qui n'est pourtant pas dans les habitudes de Suaudeau, lequel avoue après coup : « Tactiquement, c'était un pari audacieux. »

C'est justement l'un de ces défenseurs qui ouvre le score presque involontairement. Une reprise de Ferri heurte la barre transversale puis la nuque de Guyot (11e). Il n'y a pas de vilains buts. Celui-là vaut de l'or. Le second, inscrit en seconde mi-temps, est tout aussi étrange. N'Doram frappe en force un coup franc direct. La balle heurte le genou de Ouédec placé sur la trajectoire et échappe au gardien danois.

« Je ne comprends rien à ce match, soupire l'entraîneur danois Piontek. Nous avons fait tout le jeu. Mais comment gagner quand on ne marque pas ? »

Décidément, dans ce groupe, personne ne comprend rien à rien. En attendant, Nantes s'est replacé pour la qualification au moment de se rendre à Porto.

« Il faut accrocher quelque chose avant que tout se décide chez nous contre Panathinaikos », déclare Suaudeau en débarquant au Portugal. Et Cauet affirme : « Il nous manque un match référence sur lequel on pourra s'appuyer. » Mais cette fois-ci, c'est Pedros qui joue les remonteurs de pendules : « Porto est présenté comme l'une des meilleures équipes d'Europe. Au match aller, des tribunes, j'ai vu que mes coéquipiers comprenaient qu'ils pouvaient réussir quelque chose. Mercredi, il faudra les faire douter. »

Le moment venu, il se charge personnellement de cette lourde tâche.

Un but et deux passes décisives pour Ouédec contre Aalborg.

Kosecki se bat à Porto, et Nantes arrache un nul « héroïque » selon Suaudeau.

N'Doram dans la tourmente nantaise contre le Panathinaikos : un nul blanc qui arrange tout le monde.

On joue à peine depuis trois minutes lorsqu'il récupère un long dégagement de Guyot et expédie une petite merveille de lob sous la barre de Vitor Baia. Porto apprécie moyennement, se rebelle et égalise par Drulovic au bout d'un cafouillage (10e). Mais ce soir-là, Pedros est sublime. Propulsé par Cauet, il pénètre dans la surface et envoie un missile sol-air qui fait mouche (34e). Quelques minutes plus tard, Kosecki rate le break.

Du coup, Porto peut se refaire une petite santé en seconde période quand José Carlos reprend un coup franc qu'il venait de frapper dans le mur jaune (57e).

Nantes commence à souffrir. Les occasions sont portugaises. La plus belle survient à un quart d'heure de la fin. Cauet est sanctionné d'un penalty. Domingos le tire au-dessus. Et Nantes repart avec le précieux point espéré.

Pedros en profite pour régler quelques comptes : « Robson, l'entraîneur de Porto, nous a pris pour des charlots. J'espère que ça lui retombera dessus. »

Suaudeau est soulagé. « Dans le final, nous avons eu des moments héroïques », reconnaît-il. Le seul déçu dans cette histoire, c'est Nicolas Ouédec, remplaçant au coup d'envoi : « Je n'ai pas le droit à l'erreur, soupire-t-il. Dès que je fais un match moyen, la guillotine tombe. »

« Si je comprends bien, réplique Suaudeau, il aurait préféré qu'on perde, mais qu'il joue. » Un partout, balle au centre.

Pour le coup d'envoi du dernier match de cette poule, Nantes reçoit Panathinaikos. Les champions de France sont revanchards. Même si le point du match nul leur suffit pour finir seconds, ils en veulent plus. « A l'aller on a été minables, se souvient N'Doram. Notre objectif est de vaincre et de finir premiers. »

En ce début du mois de décembre, ce sont les conditions météo qui décident du sort de la rencontre. Il neige à gros flocons sur Nantes, la pelouse est toute blanche. Difficile dans ces conditions épouvantables d'aller au bout de ses idées. « Sur cette pelouse gelée, avec des flocons dans les yeux, j'avais toujours un temps de retard », se plaindra après coup N'Doram.

Pourtant, Nantes fait courageusement le jeu, offre un spectacle très correct et manque de marquer à la 65e minute quand un défenseur grec repousse sur sa ligne un tir de N'Doram.

A l'arrivée, le match nul ne fait que des heureux, même si Suaudeau joue au perfectionniste : « Le résultat ne nous satisfait pas, car les lutteurs ont besoin de victoires. Mais notre plaisir est d'être en quart de finale et de nous dire qu'en deux mois nous avons fait un bon bout de chemin. »

Déjà, Jean-Michel Ferri voit plus loin : « C'est la première fois de son histoire que Nantes est en quart de finale de la C1, mais ce n'est pas une fin en soi. Le pari, maintenant, c'est de songer aux demi-finales. On en est encore loin. »

Pour l'instant il faut laisser passer l'hiver russe. C'est Moscou, qui a obtenu six victoires en six matchs dans sa poule, que les Nantais devront affronter au mois de mars.

« Appelez-le Nicolas Ouédev »

Du très grand Ouédec.

Voici le joli mois de mars et Nantes n'a toujours pas retrouvé sa paix intérieure. La perspective d'affronter le Spartak de Moscou en quarts de finale de la Ligue des champions n'est pas spécialement effrayante. L'hiver russe a causé des ravages. Onopko, le capitaine, est parti en Espagne, Youran et Koulkov en Grande-Bretagne, Tcherchesov en Autriche. Pour couronner le tout, Khlesko et Tsymbalar sont blessés.

Mais Nantes se ressemble plus à Nantes. Avant de recevoir le Spartak, un déplacement à Monaco se solde par un terrible 4-1. « L'an dernier, soupire Suaudeau, Nantes était une équipe qui faisait peur. Aujourd'hui, nous sommes devenus une équipe gentille. Pour l'instant, tout est confus. »

« L'Europe représente une autre motivation. Ça ira mieux. » Nicolas Ouédec veut se rassurer. Mais Benoît Cauet exprime certains regrets : « J'ai passé six ans à l'OM. Là-bas, si on avait été huitièmes avant un quart de finale européen, il y aurait eu le feu et la mobilisation générale. Ici, on a l'impression que si on dit des choses comme ça, on parle trop fort. » A Nantes, en somme, tout est calme, trop calme. « Ce double affrontement contre le Spartak est une opportunité pour les joueurs de prouver qu'ils ont le niveau international », rappelle Suaudeau, qui fixe ensuite les objectifs de son équipe : « Marquer et ne pas prendre de buts. Les conditions de jeu et de forme doivent nous permettre d'y parvenir, car notre adversaire en sera à son premier match de compétition de l'année. »

Le voilà bien, le problème du Spartak, obligé de se préparer en Espagne à travers quelques matchs amicaux. « Je n'ai pas d'objectif, dit Yartzev, l'entraîneur russe. Je n'ai aucune idée du rendement de mon équipe. » Yartzev déplore également le forfait de Tsymbalar qui est selon lui « le meilleur joueur de toute la Russie ».

N'empêche qu'au coup d'envoi Tsymbalar est bel et bien là. C'est Nantes, comme prévu, qui prend le match à son compte. Ouédec, Pedros et N'Doram virevoltent dans une arrière-garde russe un peu débordée. A la 28e minute Pedros expédie un long centre. Guyot récupère le ballon juste avant qu'il ne sorte et le met en retrait pour N'Doram, qui marque de la tête.

C'est après le repos que commence le show Ouédec. En deux minutes, l'avant-centre nantais, extraordinairement incisif, frappe sur la transversale, oblige le gardien russe à détourner en corner une puissante tête et, sur ce corner, inscrit le second but d'une superbe tête décroisée (69e).

Pourquoi faut-il que Pedros gâche la fête en se faisant justice lui-même après avoir reçu un coup ? Réduit à dix, Nantes souffre, mais conserve son avance.

« Chacun a répondu présent, se réjouit Suaudeau. Cela donne du spectacle qui plaît au public et un jeu qui convient à cette équipe. C'est formidable. Ouédec a été une véritable révélation pour moi. Il a fourni un très grand match. Quant à Pedros, son excès d'énervement est bien dans sa nature. S'il n'était pas comme ça, peut-être qu'il ne serait pas. »

Pedros préfère ne rien dire. Cinq matchs de suspension l'attendent. Ouédec, lui, est euphorique : « Ça fait du bien de retrouver la sensation de marquer. Quel plaisir de retrouver notre vivacité de mouvement de l'an dernier ! C'était du 50-50, c'est du 70-30. »

N'Doram reste calme : « Nous avons mis deux buts. C'est bien, mais Moscou est certainement capable de nous en marquer autant, voire plus. » En tout état de cause,

Quand Makélélé et Nantes se déchaînent, le Spartak met un genou à terre.

le match retour s'annonce serré. Nantes devra se passer de Pedros, de Guyot qui a reçu un deuxième carton jaune, et de N'Doram qui souffre d'une fissure au péroné.

Avant cette revanche, Suaudeau et Budzinski partent en repérage dans la capitale russe, où le Spartak a repris son championnat. Ils en reviennent avec quelques informations. Suaudeau : « Il se dit à Moscou qu'ils veulent nous mettre rapidement dans les cordes. Il se peut que Nantes ne reconnaisse pas le Spartak. » Budzinski : « Attention à Nikiforov. C'est un joueur facile, presque insolent. »

Yartzev, de son côté, entretient l'espoir : « Je me souviens qu'à l'automne, à Rosenborg, une mi-temps nous avait suffi pour remonter deux buts. Menés 2-0 au repos, nous avions gagné 4-2. »

En fin d'après-midi, par un temps très froid, sur une pelouse en triste état et devant 30 000 supporters, les Russes appliquent à la lettre le programme de leur entraîneur. Pourtant, Nantes a bien résisté à la première vague d'assaut. Le plus dur semble même fait, quand soudain Nikiforov sort le grand jeu. Une frappe puissante de 20 mètres (33e), une tête à la réception d'un corner (39e), et tout est à refaire. A la mi-temps, Nantes est bel et bien dans les cordes.

Mais les Canaris ne sont pas cuits et Ouédec se déchaîne. Sur un dégagement de la tête de Gourvennec dans l'axe, il récupère le ballon qui a lobé la défense,

Ouédec voit rouge : deux buts à Moscou et dix en deux saisons contre des équipes russes.

dribble Nigmatouline et marque de l'extérieur du droit (63e). Pour embellir le tableau, il égalise à quatre minutes de la fin en reprenant un centre de Pignol.

« Je sentais que la première occasion serait la bonne, affirme le buteur nantais. C'est facile à dire après coup, mais je le savais. » En deux saisons, il a inscrit dix buts contre des équipes russes. « Appelez-le Nicolas Ouédev », dit Cauet rigolard. Le tsar Nicolas est fou de joie : « Un du droit, un du gauche et un de la tête à l'aller. Tout y est passé, jubile-t-il. Si un jour je cherche un club, je devrais pouvoir le trouver par ici. »

Nantes est en tête, mais Nantes a tremblé. « A la mi-temps, reconnaît Pignol, nous étions un peu abattus. » « C'est vrai, reconnaît Suaudeau. A la mi-temps, les joueurs étaient un peu déstabilisés. Mais seul le score nous déstabilisait, pas l'adversaire. Notre organisation était bien en place. Ce ne sont pas deux coups de fusil qui pouvaient nous faire peur. »

Trois heures plus tard, dans l'Airbus A300 qui s'apprête à décoller de l'aéroport de Scheremetyevo, le commandant de bord annonce : « Nantes affrontera en demi-finale la Juventus. »

Le premier commentaire est du capitaine Jean-Michel Ferri : « C'est l'équipe dont on rêvait depuis nos débuts européens. Un des tout grands au monde, une autre culture. »

Avec la Juve, Nantes va effectivement changer de planète.

Kosecki vole, mais Nantes s'écrase en demi-finale de la C1. Un accident inévitable.

Cours de science naturelle

« Mettre un colosse à terre, ce n'est pas évident pour un petit bonhomme comme moi. » Dans son langage imagé, Coco Suaudeau résume parfaitement l'ampleur de la tâche qui attend ses Nantais en demi-finale de la Ligue des champions.

La perspective de ce choc met l'entraîneur dans tous ses états. Il multiplie les déclarations provocatrices qu'il enrobe à peine d'un humour de circonstance : « On va leur faire un béton pas possible et distribuer des semelles. Ça ne mangera pas de pain, comme on dit. Nantes peut éliminer la Juve. Je trouve que la Juve fait un peu plus de conneries que d'habitude et que nous sommes un peu plus opportunistes qu'avant. »

L'arrière nantais Christophe Pignol préfère regarder la dure réalité en face : « C'est l'occasion de s'étalonner un peu, tout en sachant qu'il ne peut y avoir de comparaison entre eux et nous. »

S'il en est un au club italien qui sait tout de Nantes, c'est bien sûr Didier Deschamps. Le capitaine de l'équipe de France a été formé en Loire-Atlantique. Suspendu, il ne disputera pas le match aller. « De toute façon, ironise-t-il, le match aller ne sert jamais qu'à préparer le match retour. »

Plus la rencontre approche et plus Suaudeau redevient sérieux. « Nantes est un prototype. La Juve est une Formule 1. Il

Vialli, c'est autre chose...

s'agira essentiellement d'être très rigoureux, rappelle-t-il. Je veux surtout que mes joueurs défendent debout. Il faut éviter les fautes, même si je sais qu'il y en aura toujours. Ils ont l'art de commettre autant de fautes que tu en fais mais les leurs ne se voient pas. C'est la science. Les caractéristiques du football italien ne nous conviennent pas, à nous Nantais. »

Suaudeau sait vraiment à quoi s'attendre. Le défenseur Serge Le Dizet aussi, qui résume bien la situation : « Entre un quart de finale contre Moscou et une demi-finale contre la Juve, il y a un monde. Il faudra défendre comme des chiens et ne pas leur laisser la moindre parcelle de terrain. »

Sans Pedros, suspendu, Makélélé et N'Doram, blessés, ce ne sera pas simple. Ce qui n'empêche pas l'entraîneur de la Juve Marcello Lippi de considérer l'affaire très au sérieux : « Il faudra faire deux grands matchs pour passer. La Juve n'est pas encore en finale. »

Après le match aller, disputé à Turin devant 50 000 spectateurs, elle a tout de même fait un grand pas en avant. Longtemps, la Juve bute sur une digue jaune solidement érigée. Casagrande, remarquable, s'oppose à un retourné de Vialli puis à un tir de Pessotto. Hélas, à la 45e minute, Bruno Carotti récolte un second carton jaune. Deux fautes sur Padovano qui lui valent une expulsion. Réduite à dix, l'équipe nantaise craque dès la reprise. Sur un corner de Jugovic, une tête de Del Piero est habilement déviée par Giancula Vialli, qui inscrit son premier but européen de la saison (48e). Nantes ne voit plus le ballon et s'incline de nouveau sur une frappe de 20 mètres de Jugovic (63e). Le troisième but n'est pas loin.

Nantes, courageux, y échappe. Les champions de France n'ont tiré que deux fois au but et, surtout, ils ont reçu sept cartons contre aucun aux Italiens. « C'est la science », avait prophétisé Suaudeau.

Maintenant, il ne tient plus le même discours, l'entraîneur nantais. Il est très remonté. D'autant plus qu'à la fin de la rencontre son homologue Lippi n'est pas venu le saluer. Du coup, il a refusé la main tendue, un peu plus tard, lors de la conférence de presse.

On ne ceinture pas facilement Vialli. Comme d'autres avant lui, Ferri a plongé...

Petit florilège des pensées d'un drôle de Coco : « Nous avons fait quelques fautes et les Italiens ont fait en sorte qu'il y en ait davantage... Il faut croire qu'on était trop nombreux et on s'est retrouvé à un de moins... Vialli ? C'est un pitre qui pourrit le jeu. Ça lui réussit. Qu'il continue... En ce qui concerne la politesse, je n'ai de leçon à recevoir de personne et surtout pas de ce Lippi. Qu'il aille faire sa mise en plis où il veut. Qu'il garde sa superbe. Il a été nul sur ce coup-là, et c'est bien un Italien... Financièrement, on ne fait pas le poids. La Juve est impliquée, les arbitres le savent. Il faudrait être idiot pour ne pas rappeler que la finale aura lieu à Rome. »

Ouf ! Fermez le ban. Suaudeau vient d'embellir sa réputation de « pleureuse ». D'ailleurs, il en a aussi contre ses joueurs : « Ils ont manifesté du courage, mais cela ne peut suffire à ce niveau. C'est là que je leur en veux. Ce n'est pas parce que Carotti est expulsé que tout ce que nous avions prévu ne tient plus. »

Carotti, pour sa part, présente sa défense : « Mon expulsion est sévère, pour ne pas dire scandaleuse. Quant Padovano tombe, il crie, il se roule à terre. L'arbitre croit que je lui ai cassé la jambe. Mais quand il s'est relevé, il a rigolé. »

C'est la science, on vous dit. « Pour le vice, affirme Ferri, la Juve est ce qui se fait de mieux en Europe. »

Durement critiqué, Vialli apporte sa réponse : « Suaudeau est libre de dire ce qu'il veut. Certes à la Juve nous ne pratiquons pas un sport de gonzesses, mais les Nantais ne nous ont pas ménagés. Et leurs déclarations passionnées leur servent surtout à préparer le match retour. »

Voilà une façon assez raisonnable de voir les choses. Raisonnable, Bruno Carotti l'est un peu moins quand il lance le refrain d'un match retour dont il sera privé : « Ce que les Girondins ont réalisé, on peut le faire nous aussi. » Mais ce discours-là est le bon.

Tout le monde à Nantes a encore en mémoire l'exploit de Bordeaux contre Milan, qui sert désormais de référence. Pourtant, si Makélélé et N'Doram sont sur pied, Ouédec a mal à la cuisse. « J'aurais aimé jouer dans la cour des grands avec tous mes moyens », soupire Suaudeau. Avant de tracer le programme à venir : « Je voudrais cette fois-ci qu'on fasse le match en entier et pas seulement une mi-temps. Voilà le pari. Il faut s'attendre que la Juve soit plus dangereuse qu'elle l'a été chez elle. Sauf si nous nous imposons physiquement. »

Nicolas Ouédec remonte aussi les mécaniques : « Il faut penser à notre jeu, à notre attaque, à les presser et pourquoi pas à les atomiser à notre tour. On est le Petit Poucet, mais je garantis des buts. »

Chez les Italiens, qui profitent des retours de Deschamps, Conte et Ravanelli, la confiance et la prudence vont de pair. « Rien n'est fait, dit Lippi. On ne vient pas pour défendre mais pour jouer notre jeu. » « A la place des Nantais, j'y croirais, ajoute gentiment Deschamps. Ils sont capables de mettre le tourbillon à n'importe qui. »

Dix-sept minutes suffisent pourtant à anéantir les espoirs nantais.

Vialli récupère un retourné à moitié raté de Ferrara et marque de l'extérieur du droit. La messe est pratiquement dite. Les Nantais doivent désormais inscrire quatre buts sans en encaisser. C'est mission impossible. D'autant plus que Ouédec, de nouveau blessé, sort avant la mi-temps. L'égalisation de Decroix (43e) est la bienvenue, mais quand Vialli propulse Sousa vers Casagrande pour le deuxième but italien (50e), Nantes sait qu'il ne joue plus que pour l'honneur. De mieux en mieux, d'ailleurs, ce qui lui permet d'enlever une victoire de prestige grâce à deux buts signés N'Doram (81e) et Renou (86e).

On a connu des éliminations plus vilaines. Vaincu par plus fort que lui, Nantes quitte la C1 la tête haute. « C'est quelque part un pari réussi, reconnaît le pourtant exigeant Suaudeau. Pour que Nantes se qualifie, il aurait fallu que la Juve soit moins forte. On ne peut pas avoir de regrets. » Jean-Michel Ferri n'est pas de cet avis : « On peut avoir des regrets ; il y avait la place pour se qualifier. » Éternel débat.

Le temps pour Lippi de régler ses comptes (« Suaudeau est un paysan, un entraîneur ridicule »), et la Juve entame sa marche sur Rome, laissant Suaudeau tout démuni : « Il va me manquer quelque chose : la préparation d'un dernier match contre l'Ajax. »

Un jour, peut-être, avec une nouvelle couvée de Canaris...

Deschamps coupe la route de N'Doram et du FC Nantes, son ancien club.

Plus vite que Litmanen, plus fort que Davids, plus heureux que personne, c'est Deschamps champion d'Europe.

Deschamps comme Platini

« C'est beau, c'est génial ! » C'est lui qui est beau, Didier Deschamps. Et qui est génial. Onze ans après Michel Platini, un autre Français est champion d'Europe avec la Juve. Nous sommes le 22 mai 1996 au soir, au Stade Olympique de Rome, et l'Ajax d'Amsterdam vient de perdre son titre. « C'est le succès de Turin, d'une ville, d'une région qui aiment leur club. Elles attendaient qu'on efface le douloureux souvenir du Heysel. » La Juve efface la Juve, mais Didier n'efface pas Michel. Sur le podium où paradent les vainqueurs, « La dèche » est aux anges, sourire écartelé et Coupe des champions à bout de bras. Soudain, il aperçoit Platini debout au bord du terrain, mains dans les poches de son costard de coprésident du CFO. Alors, spontanément, Didier dégringole de l'estrade enfiévrée et se précipite pour une chaleureuse accolade. « Je ne pouvais pas le manquer. Michel Platini représente encore beaucoup pour la Juventus. Moi, j'ai seulement pris sa suite… Il m'a dit : “Tu es un gagneur, non un gagnant.” »

Est-il seulement « souvent dans les bons coups », comme il le prétend modestement, ou provoque-t-il par son talent extraordinaire de ratisseur-pourvoyeur-aboyeur cette chance qui lui colle à la peau ? Écoutons plutôt l'anecdote suivante, qu'il raconte comme un haut fait d'armes : « Un jour, Bettega est venu à la

Deschamps plus grand que Kanu.

maison et il a vu la photo où je tiens la coupe d'Europe remportée avec l'OM en 1993. Il m'a dit : “Si on t'a pris à la Juve, c'est pour que tu nous la fasses gagner aussi. ” Je n'ai jamais oublié ce premier contact. »

Didier Deschamps est arrivé à Turin en juillet 1994. Au bon moment. Cette année-là, Roberto Bettega prend les commandes du club le plus aimé d'Italie et installe un nouvel entraîneur, nommé Marcello Lippi. Sa mission ? Remettre la Juve à sa vraie place, la première. Sa tactique : « Avoir la volonté constante de pousser l'équipe adverse dans les cordes. » Donc attaquer et presser très haut, sur le rythme le plus élevé possible.

Son principe de base ? Être fort mentalement, obstiné. Lippi s'entoure d'un préparateur physique, Giampiero Ventrone, formé chez les Marines. Pour la finale contre l'Ajax, il fera aussi appel à un psychologue. Un travail titanesque pour un effectif de rêve. « Tout ce qui nous arrive depuis deux ans était programmé, explique Deschamps. Le groupe a beaucoup donné. La première année, on a remporté le scudetto. La seconde a été exclusivement orientée sur la Ligue des champions. L'entraînement de début de saison était conçu pour que nous soyons bons en septembre-octobre et on a vaincu à Dortmund 3-1. Mais novembre et décembre ont été terribles ; c'est là qu'on a perdu le titre au profit de Milan. C'était risqué, parce que nous n'étions pas sûrs de revenir en C1. Il fallait absolument la gagner. Au printemps, on était à nouveau très bien et on a sorti successivement le Real Madrid, Nantes et l'Ajax d'Amsterdam. C'est en finale que notre plus grande fraîcheur physique a vraiment payé, parce que, sur le plan technique, nous sommes inférieurs aux Néerlandais. »

Le jour de la grand-messe finale, une tornade bleue déferle sur le Stade Olympique. Surtout au cours d'une « première demi-heure extraordinaire », dixit Deschamps lui-même. On a effectivement rarement vu le champion d'Europe sortant paniquer à ce point. Et, logiquement, les Italiens ouvrent le score. Un but magnifique : sur un coup de tête arrière mal ajusté de Franck De Boer, le gardien Van

Litmanen égalise pour l'Ajax, sous les yeux de Bogarde.

der Sar est devancé au rebond par un Ravanelli surgi de nulle part, qui marque de n'importe où, malgré le retour désespéré de Silooy (13e). « Un but étrange, mais d'une grande classe », apprécie Lippi.

L'Ajax se rebiffe en fin de première mi-temps, quand la Juve perd Conte sur blessure. Un coup franc de Franck De Boer est repoussé des deux poings par le gardien Peruzzi, et Ferrara remise involontairement dans les pieds de Litmanen. Le Finlandais résiste à Vierchowod pour inscrire son neuvième but de la saison en Ligue des champions (44e). « Je me suis dit qu'on était en train de tout gâcher, se souvient le capitaine de l'équipe de France. Mais quand j'ai vu les copains se dépouiller, j'ai compris qu'on irait au bout. »

La suite lui donne raison. En cent vingt minutes, la Juve adresse pas moins de vingt-trois tirs, dont treize cadrés ! La partie est pourtant serrée, le spectacle haletant. Les Italiens méritent de l'emporter, mais Vialli, seul face au but vide, rate l'immanquable (87e). Ils ne peuvent éviter la loterie des tirs au but que Deschamps, excellent de bout en bout, ne sent pas : « J'ai pensé que les dieux allaient passer dans l'autre camp, avouera-t-il. On avait tellement maîtrisé notre sujet et obtenu tellement d'occases... »

Heureusement, Peruzzi est un dieu qui ne retourne pas sa veste. Le gardien – romain – de l'équipe d'Italie s'oppose aux tentatives de Davids puis de Silooy, et Jugovic délivre la Juve du mal. Ainsi soit-il. Giovanni Agnelli évoque « le premier vrai succès du club en Coupe des champions », Lippi « la plus grande joie de ma carrière parce que c'est fantastique de vaincre la meilleure équipe du monde », Ravanelli « une formidable récompense, après deux ans de sacrifices, qui fait entrer cette équipe dans l'histoire ».

De son côté, Louis Van Gaal ne décolère pas. Il reconnaît que « les Italiens ne jouent plus défensivement, contrairement à autrefois, et pratiquent dorénavant un football offensif ». Mais l'entraîneur néerlandais estime que c'est moins la Juve qui a gagné que son équipe qui a perdu. Et il affirme savoir pourquoi : « Un, nous n'avions pas joué depuis quatre semaines et nous manquions de rythme ; deux, nous étions privés de quatre éléments importants : Overmars, Reiziger, Reuser et Hoekstra ; trois, une semaine avant la finale, je n'avais que onze joueurs valides et j'ai été obligé d'aligner des blessés comme les frères De Boer ou Kluivert ; quatre, il a fallu utiliser certains à des postes inhabituels pour eux, comme Musampa ailier gauche, Ronald De Boer milieu gauche ou Kanu numéro 6 quand Kluivert est entré. Je ne cherche pas d'excuse, je relate les faits : on ne pouvait pas gagner cette finale. »

Des arguments que Deschamps balaie d'un revers de la langue : « Toutes proportions gardées, l'Ajax, c'est Auxerre : quand il manque un joueur, on a l'impression que le moule est déjà prêt pour un autre. »

Champion d'Europe pour la deuxième fois, Didier escamote la fête turinoise pour passer très vite à autre chose. Son petit Dylan, né en Bretagne huit jours plus tôt, et l'Euro qui commence deux semaines plus tard lui tendent les bras. Sans parler de la nouvelle saison qui s'annonce. « Je vais pouvoir rejouer la Ligue des champions, se réjouit-il. Franchement, je me voyais mal repartir en Coupe de l'UEFA... L'année prochaine, je vois bien la Juve disputer la finale de C1 contre Milan et, comme on en a gagné deux chacun avec Desailly, on se jouera la troisième tous les deux ! »

La malédiction anglaise

« Personne ne peut prétendre à un bon tirage quand il tombe sur un club anglais. » Guy Roux sait de quoi il parle. Auxerre a payé deux fois pour voir. « Nous avons eu affaire dans le passé à Liverpool et à Arsenal, et la chance n'a pas été avec nous », rappelle le patron de l'AJA.

Le tirage au sort de ce deuxième tour de la C3 ne pouvait pas être pire pour la tête de série française. Nottingham Forest est en effet la seule équipe de Premier League invaincue après neuf journées, son invincibilité en championnat remonte à plus de six mois et, depuis trois ans, elle est la seule à avoir réussi l'exploit de gagner à Old Trafford contre Manchester United. Une référence. « C'est le top du top, confirme Roux. C'est aussi la formation la plus défensive d'Angleterre, avec un pressing formidable à dix joueurs. Il n'y a aucun trou ! »

La belle mécanique de Brian Clough, réputée pour son jeu offensif dans les années 70, est devenue une équipe réaliste et implacable, « la plus ennuyeuse du Royaume », selon Éric Cantona, que Guy Roux a eu longuement au téléphone et qui « s'est vraiment défoncé pour rassembler tous ses souvenirs ».

Stan Collymore, vingt-deux buts la saison dernière, est parti à Liverpool pour la somme record de 68 millions de francs,

TOUR DE SURCHAUFFE

Avant de faire souffrir en vain Nottingham Forest, Auxerre franchit le premier tour… dans la souffrance. Les Norvégiens de Viking Stavanger ne comptent pourtant pas parmi les grosses cylindrées européennes, mais leur style très britannique embrouille déjà des Auxerrois trop frileux. Guy Roux avait pourtant prévenu : « Il faudra un exploit pour passer ! La Norvège est deuxième au classement de la FIFA, la France dix-huitième. Le fossé est là. Et c'est le troisième du championnat de Norvège contre le seizième du championnat de France. »

Une prédiction jugée alarmiste, mais confirmée dès le match aller à Stavanger. Les Bourguignons dominent la première mi-temps et marquent logiquement par West de la tête (14e), mais se décomposent ensuite et subissent sans réagir le kick and rush norvégien. « C'est un phénomène typiquement français, quand on joue bien quelques minutes, de croire que c'est gagné », s'offusque Roux.

Les Vikings égalisent par Ulfstein (1-1) et poursuivent leur entreprise de démolition quinze jours plus tard, à l'Abbé-Deschamps. Si les Français restent debout, ils le doivent à leur patience et à un nouveau coup de tête d'un défenseur, Silvestre, jouant en toute liberté les liberos libérateurs (1-0).

West a marqué contre Stavanger mais failli contre Nottingham…

A Nottingham, Laslandes et Auxerre ne trouvent pas l'ouverture dans la forêt de jambes de Forest.

mais Jason Lee l'a remplacé et l'argent a été judicieusement réinvesti : l'Italien Silenzi est arrivé de Torino, Campbell d'Arsenal et Bart-Williams de Sheffield. L'ensemble est redoutable, terriblement « british ».

A l'aller en Bourgogne, sous l'impulsion d'un Lamouchi et d'un Silvestre éblouissants, les futurs champions de France sortent un match remarquable. Ils tirent vingt-six fois au but ! En vain. Trois fois, le défenseur Waon sauve sur sa ligne, dont une carrément derrière (33ᵉ) mais l'arbitre italien M. Collina refuse l'évidence.

Des tonnes de malchance, un zeste d'imprécision, il ne manque que la fameuse « bavure défensive qui tue » pour que le film se transforme en mauvais remake. C'est Taribo West qui se dévoue, rate lamentablement une interception facile et laisse Stone en tête à tête avec le gardien Fabien Cool. Stone contre Cool ? Pas besoin d'être bilingue pour deviner qui enfume l'autre (1-0). « Je plaide coupable, enrage West. J'ai commis l'erreur la plus évidente de ma carrière. Elle est lourde de conséquences. Je m'en veux beaucoup. »

Guy Roux ne s'escrime pas tant. Il pointe tout de même le doigt sur son libero Laurent Blanc, dont c'était la rentrée après une longue blessure : « Taribo commet une faute de Cadets C mais il aurait dû être couvert… Décidément, on a résolu presque tous les problèmes que nous posaient les équipes anglaises, sauf une : la discipline tactique. »

Le retour à Nottingham s'avère tout aussi classique. Dans le couloir qui mène au City Ground, Stuart Pearce hurle à ses partenaires : « Vous êtes plus courageux qu'eux, c'est pour ça que vous êtes nés Anglais ! » Bien décidé à remonter son but de retard, Auxerre sort un autre match remarquable. Guy Roux inaugure avec bonheur une tactique révolutionnaire pour lui, avec trois défenseurs et deux attaquants, ses hommes multiplient les occasions d'« égaliser », ils sont proprement héroïques. Mais ils butent comme toujours sur un gardien en état de grâce, cette fois l'Écossais Crossley, qui réalise des miracles sur les tentatives de Saïb à bout portant, de Martins sur coup franc, de Laslandes, de Cocard, de Tasfaout (0-0). « Regrets éternels », titre *L'Équipe*, qui n'a pas peur de le répéter.

« Auxerre est l'une des meilleures équipes françaises que j'ai rencontrées, reconnaît gentiment Pearce. Elle méritait autant que nous la qualification. » A cet hommage qui fait mal, Silvestre répond par un laconique « ça fout les boules » et Martins par une lapalissade : « Nous sommes meilleurs footballeurs qu'eux, mais ils sont qualifiés. » Guy Roux, lui, rejette toute forme de malédiction et choisit de positiver : « Je n'ai jamais rien gagné d'un coup de baguette magique, et je note que je me rapproche de plus en plus des Anglais. S'il y a une prochaine fois, je vous garantis que je ne manquerai pas l'occasion ! » Il y aura une prochaine fois : au tour suivant, c'est Lyon qui baisse pavillon devant Forest. Les scores ? 0-1 et 0-0. Damned...

A rasta (Taribo West), rasta et demi (Jason Lee). Auxerre peut s'arracher les cheveux !

Titi Camara et Lens, irrésistibles pour les Luxembourgeois de l'Avenir Beggen : 13-0 en deux matchs !

Le stade Bollaert retrouve l'Europe avec une passion débordante.

Slavia ? non, Slavia pas...

Une implosion de joie. Les Lensois se pincent pour y croire quand le tirage au sort des huitièmes de finale de la Coupe de l'UEFA leur offre non pas Milan, Barcelone, le Bayern, le PSV, la Roma, Brême ou Benfica, mais le Slavia Prague. Eux qui ont assuré leur avenir contre Beggen puis torpillé Odessa, ils ne peuvent que « passer l'hiver » pour la première fois de leur histoire européenne. Ils en sont persuadés.

D'autant qu'une bonne nouvelle n'arrivant jamais seule la présence du Sparta conduit à l'inversion des rencontres. « C'est une excellente affaire pour nous de recevoir au retour, se réjouit le président Gervais Martel. De plus, le Slavia était l'une des équipes les plus prenables. » Personne n'écoute alors la petite voix du manager tchèque Kamul Rehak : « Pour Lens, c'est évidemment un bon tirage. Mais pour nous aussi, je crois... »

Avec son étiquette bourgeoise et intellectuelle, son passé de club martyr du régime communiste et sa quête d'un premier titre depuis 1947, le Slavia Prague propose une image terne et surannée. Il n'y a qu'à voir son vieux stade Eden tout en bois, où fleurissent les écriteaux « Non fumeur » et « N'oubliez pas Bradford ».

C'est là, sur une pelouse en partie gelée et par un froid sibérien, que Lens fait connaissance avec les pyromanes du commandant Cipro, forts de cinq internationaux en route pour l'Euro 96 et adeptes d'un jeu en contre, tout sauf démodé. L'Eden est un enfer. Mais les Nordistes supportent en connaisseurs, défendent haut, éteignent un à un les incendies allumés par Smicer et Poborsky, posent à l'occasion quelques contre-feux et se sortent du brasier avec un 0-0 qui plaît à tout le monde. Il rappelle tellement le scénario d'Odessa... « Je pense qu'on a fait le plus dur pour obtenir cette qualification historique, martèle Gervais. Avec un brin de réussite, on l'emportait. »

Seuls une excroissance du cortex cérébral ou un sérieux coup de barre semblent en mesure d'arrêter la progression des flambeurs du RC Lens. Chez eux, ils seront victimes des deux à la fois.

« Nous avons tout donné mais, franchement, j'ai l'impression qu'on aurait pu jouer trois heures sans marquer de but », résumera le capitaine Jean-Guy Wallemme. Lens ne joue que deux heures,

L'EUROPE CANADA DRY

Le premier tour de C3 franchi par le RC Lens mérite-t-il l'appellation Coupe d'Europe ?

Sans hésiter, et sans vouloir faire injure aux jeunes amateurs luxembourgeois de l'Avenir Beggen, déjà éliminés en préliminaires puis repêchés parce que leur adversaire suédois, Orebro, avait aligné quatre non-sélectionnables, la réponse est non. En deux matchs contre les Français, le second même pas retransmis par la télé, l'équipe entraînée par l'ancien Messin Jacky Pérignon encaisse plus d'un but par quart d'heure : 6-0 + 7-0 = 13-0 ! Jamais un club du Luxembourg n'avait pareillement explosé, le précédent record appartenant à Sochaux en 1989 (12-0). A titre de comparaison, le Paris SG marquera seize buts pour gagner la Coupe des Coupes. Mais en neuf rencontres ! Plutôt que de retracer l'histoire sans intérêt de cette fastidieuse avalanche, voici le... classement des buteurs : 1. Tiehi, 4 buts ; 2. Camara, 3 buts ; 3. Boli, Delmotte et Meyrieu, 2 buts. Bravo messieurs.

L'Europe commence donc vraiment au deuxième tour, à Odessa. Du moins les Lensois le croient-ils. En Ukraine, ils échouent dans le seul hôtel de la ville où il y ait l'eau chaude : un paquebot ! Sur le terrain, ça flotte vingt minutes, puis les Français tiennent mieux la barre, tirent même dessus par Camara (71e) et, malgré une seconde mi-temps à sens unique, se contentent d'un 0-0 mal payé. Au vestiaire, ils découvrent avec stupeur les douches d'un autre âge et décident de retourner dare-dare se laver à bord.

Inquiets de voir une affaire si bien engagée tomber à l'eau, 31 000 supporters et 11 gladiateurs survoltés transforment Bollaert en coupe-gorge le soir du match retour. Peine perdue. Le Tchernomorets Odessa n'a pas le niveau. Le cuirassé sombre en vingt-cinq minutes, coulé par trois buts de Meyrieu, Vairelles et Dehu. Sur la fin, Foe donne le coup de grâce (4-0). « Ça fait dix ans que j'attends ça, s'emporte Wallemme. Ce Racing-là a désormais rejoint celui des Sénac et Huard. » Son entraîneur est plus lucide : « Maintenant, avec les équipes qui restent en compétition, nous allons mourir en beauté ! » dit Bergues.

Ils mourront en effet. Mais « seulement » contre le Slavia Prague. A force d'avoir de bons tirages, les Lensois ont oublié qu'ils disputaient une vraie Coupe d'Europe...

mais son match est affligeant et sa prolongation insignifiante. Guillaume Warmuz, héroïque, prolonge le calvaire. Car l'issue est inéluctable pour cette équipe soudain amnésique de son football.

S'il donne une leçon de jeu en mouvement, le Slavia doit tout de même patienter jusqu'à la 95e minute pour être admis dans la classe supérieure. Le temps pour son meilleur élève, Poborsky, de transpercer la défense, de contourner Warmuz et de marquer dans un angle fermé malgré le retour de trois adversaires (1-0). « Nous n'étions vraiment pas dans un bon jour, lâche le pauvre gardien lensois. Le regret, c'est de ne pas être allés aux tirs au but... »

La logique ne peut admettre de regrets. Des explications, si. Malheureusement, les cancres de Bollaert sèchent lamentablement. Alors, certains observateurs s'en remettent à l'irrationnel et soulignent que, pour la troisième fois de son histoire, le RC Lens bute sur les huitièmes de finale un 7 décembre. La thèse de la malédiction a sa logique. Elle a aussi bon dos.

Delmotte pensait avoir fait le plus dur à Prague...

... mais Poborsky marque un but de grande classe à Lens.

Ils ont mis la Lazio KO

Quand le quatorzième du championnat de France tombe au deuxième tour de la Coupe de l'UEFA sur la Lazio de Rome, invaincue dans le Calcio depuis huit mois, meilleure attaque d'Italie et constellée d'étoiles comme Casiraghi, Boksic, Winter et Chamot, tous les spécialistes se disent que c'est plié d'avance. Tous, sauf une vingtaine de guerriers retranchés à Lugdunum. Ah ! les doux rêveurs !

L'effectif lyonnais est pourtant sinistre. Sassus suspendu, Maurice, Bak, Casanova, Gava et Roche blessés, Guy Stéphan s'arrache le peu de cheveux qui lui restent pour composer une équipe qui tienne la route. « Coquille d'œuf » est contraint d'accorder sa confiance à de jeunes inconnus comme Jean-Christophe Devaux, 20 ans et cinq apparitions seulement en équipe première, ou Ludovic Giuly, petit bonhomme de 19 ans qui plafonne à 1,64 m et que Pascal Olmeta appelle gentiment « Super souris ». Le « vieux » gardien corse y croit plus que les autres. Sans doute inspiré par ses origines et par sa longue fréquentation du Stade Vélodrome, il confie à *France-Football* : « Qu'est-ce que nos jeunes ont à craindre de la Lazio ? Rien. C'est comme une femme, si elle te plaît, si tu en as envie, si elle en a envie, il te faut la prendre. Les Italiens, je les connais. Chez eux, on va se faire marcher, cracher dessus. Mais nous, on va entrer sur le terrain comme des rugbymen, les yeux braqués sur les leurs. Si, dans le couloir, l'un de nous baisse le regard, alors c'est perdu d'avance. Les crachats, les coups de coude, on donnera avant de recevoir. »

Giuly le héros, porté en triomphe par Sassus.

Dès le coup d'envoi, donné par Just Fontaine devant 30 000 spectateurs, on devine que les petits n'ont pas baissé les yeux. Devaux, alias « Robocop », lève même drôlement la tête, plus haut que les géants Chamot et Boksic, pour reprendre un corner de Deplace (15e). 1-0 ! Extraordinaire !

Malheureusement, Maurice rate le but du 2-0 et Winter fait à son tour la tête (22e). Le Néerlandais égalise, alors on se dit que tout rentre dans l'ordre, d'autant que Boksic est tout près du 2-1. « C'est là que se produit le véritable tournant du match », raconte Stéphan. Un tacle trop appuyé de Chamot sur Assadourian vaut à l'Argentin un indiscutable carton rouge (45e). Lyon est relancé.

A dix, la Lazio est complètement dépassée par le rythme de la seconde mi-temps, bousculée comme rarement une équipe italienne sur une pelouse française. Gerland hurle comme jamais et scande le nom de Giuly. Pendant que des larmes coulent sur les joues de son papa Dominique, doublure de Gili à Bastia dans les années 70, « Little big man » s'impose comme le metteur en scène génial d'une troupe en état de grâce. Reste à attribuer le premier rôle, celui du buteur qui signera la victoire lyonnaise. C'est pour un autre « gamin », Sylvain Deplace, dont la frappe cognée de 20 mètres est déviée hors de portée de Marchegiani (2-1). La fin est pénible pour les Romains, sauvés de la débâcle par leur gardien, qui constate amèrement : « On peut être irrésistibles mais aussi, parfois, anodins. » Côté lyonnais, c'est exactement l'inverse !

Le match retour s'annonce lui aussi plutôt mal. L'OL vient de concéder un nul inquiétant devant Bastia (1-1), la Lazio de pulvériser la Juventus, futur champion d'Europe (4-0). Le président Cragnotti évoque « la plus belle Lazio ayant jamais existé, capable de réussir le grand chelem cette saison ». Ça fleure bon le complexe de supériorité et ses joueurs ne sont pas en

Les contre-pieds de Maurice déroutent la Lazio Rome.

reste : « Les Lyonnais vont exploser ! promet le Néerlandais Winter. Ils vont prendre trois ou quatre buts. A Rome, nous sommes presque imbattables. »

La prétention les aveugle. Et la fatigue les guette. Deux jours seulement après leur coup d'éclat dominical, ils sont sur les rotules pour accueillir Lyon. D'entrée, ils sont débordés. Une ouverture lumineuse de Giuly vers Maurice, un dribble de « Tintin » sur Gottardi et l'un des plus beaux exploits du football français se dessine à l'horizon (22e). Encore une fois, on craint le pire. Casiraghi obtient deux minutes plus tard un penalty que Signori tire comme toujours sans élan. A côté ! « Je me sens largement responsable de l'élimination », admettra le meilleur buteur du Calcio, avant de préciser : « Mais Lyon a été dynamique et brillant. »

Sublime, oui ! Olmeta arrête tout, Marcelo couvre comme un chef, Devaux neutralise Rambaudi puis Boksic (même pas titulaire !), Sassus mange Signori, Giuly se promène au milieu des défenseurs italiens. Tiens, voilà que le lutin les dribble tous ! Un caviar pour Assadourian, qui vient de frapper sur le poteau, et ça fait 2-0 (59e).

C'est toute la ville de Lyon qui explose de joie et se presse sur la place Bellecour. Au Stade Olympique, ils ne sont que 500, mais ils chantent à tue-tête : « On est chez nous ! » Voilà, c'est fini. C'est fantastique. Pendant que *L'Équipe* barre sa une d'un triomphant « Le roi Lyon », dans le vestiaire enfiévré, Sassus balbutie : « J'avoue être sidéré par notre qualification. On est heureux comme des gosses ! J'ai déjà gagné à Naples avec le PSG, j'en suis à ma quatorzième saison en pro, mais c'est du jamais vu dans toute ma carrière. »

A deux pas, alors que Michel Platini passe féliciter les héros, Guy Stéphan parle pour l'éternité : « Avant ce match, j'ai dit aux joueurs : si vous vous qualifiez, à Lyon on en reparlera encore dans trente ans. Vous pourrez dire à vos petits-enfants : j'y étais ! »

Ombre et lumière pour Sassus. Nottingham ne lui fait pas de fleurs...

L'objectif européen des Lyonnais était ambitieux : passer deux tours. Ils en disputeront trois. Le premier contre les Portugais de Farense, le club du gardien nigérian Peter Rufaï. « Je nous vois bien gagner 1-0 là-bas et finir le travail à Gerland », pronostique Olmeta. Bien vu. Sur la pelouse défoncée du stade Sao-Luis, cousin germain de Furiani, l'ancien gardien de Bastia se montre imbattable. Pour la première fois de la saison, il ne prend pas de but ! Et l'OL marque d'entrée (5e) par un junior titularisé le matin même, Ludovic Giuly. 1-0 comme prévu, et encore 1-0 au retour grâce à un superbe coup franc de Deplace, que Sassus ne surnomme pas pour rien « Valdo », et que ce même Sassus catapulte de la tête dans le but portugais.

« Je veux le Milan AC ! » claironne alors Olmeta. Il aura la Lazio Rome, avec le succès retentissant que l'on sait.

EN LARMES A NOTTINGHAM

Au troisième tour, l'OL tire Nottingham Forest, le tombeur de l'AJ Auxerre. « Après le chablis, nous allons goûter au beaujolais ! » s'amuse le président M. Reacher. Guy Roux n'apprécie pas, propose à Guy Stéphan un repas à Beaune autour d'un bon bourgogne et lui offre cinq cassettes sur Nottingham, les notes de Cuperly décortiquant le système de jeu et seize ballons anglais. Enfin, les ballons sont seulement prêtés...

En Angleterre, les Lyonnais résistent superbement pendant quatre-vingt-deux minutes, mais finissent par craquer. Une main volontaire de Laville, logiquement expulsé, leur coûte un penalty. Olmeta parvient à repousser la tentative de Pearce, mais McGregor reprend (1-0). Rageant. « Nous étions supérieurs », regrette Stéphan. « Ils ne sont pas impressionnants, je nous donne 98 % de chance de qualification », ose Olmeta, que le péché d'orgueil commis par la Lazio n'a pas instruit.

Malgré une ambiance de feu à Gerland (39 000 spectateurs), le panache de Giuly et les montées d'Olmeta dans les dernières minutes, Lyon se casse les dents au retour sur l'extraordinaire gardien Crossley (0-0). Au passage, Maurice est exclu pour un coup de coude imbécile à Cooper (85e). Lyon a craqué. « Jusqu'au bout, j'étais sûr qu'on allait marquer, confie Stéphan. C'est une énorme déception pour les joueurs. Ils étaient en pleurs dans les vestiaires. » Comme les Auxerrois un mois plus tôt.

Le dernier représentant anglais en Coupe d'Europe n'a pas encaissé le moindre but en quatre rencontres contre les équipes françaises. Mais est-ce vraiment un hasard ?

Avec son buteur Antony Yeboah, Leeds est injouable pour Monaco.

Du classique au programme

Dix-neuf fois champion de Hongrie et finaliste de la C3 en 1969, le club d'Ujpest n'est plus ce qu'il a été. Son entraîneur, Jozsef Farani, est lucide : « Strasbourg est plus fort que nous. » Exact. Le tirage au sort a été clément pour ces Alsaciens venus de loin. Le match aller, disputé à la Meinau, est une formalité : 3-0. Zitelli a rapidement ouvert le score (8e) ; Lebœuf sur penalty (72e) et Baticle (75e) l'ont embelli. Les 23 000 spectateurs sont ravis et rassurés. Il n'y a pas grand-chose à craindre du match retour. « D'ailleurs, dit Sauzée, nous aurions pu marquer le double de buts, mais l'essentiel est acquis. » A Budapest, devant 3 000 personnes, Strasbourg s'impose une nouvelle fois (2-0) grâce à Mostovoi et Zitelli.

Les rescapés de l'Intertoto ont fière allure. Jusqu'au moment où le tirage au sort des seizièmes de finale leur offre le grand Milan AC comme adversaire.

Un peu secoués, les Alsaciens se ressaisissent vite. « Sur le coup j'ai été un peu déçu, avoue Keller. Et puis, très vite, heureux pour la ville, les supporters et pour moi. Lorsque j'ai choisi de jouer au foot, c'était pour avoir la chance de disputer un jour ce genre de match. »

« Si on nous avait dit ça il y a trois mois, on aurait bien rigolé. Il est bien évident que c'est du 500 contre 1. » L'entraîneur Jacky Duguépéroux, on le constate, n'est pas très optimiste. Dans le camp d'en face, Marcel Desailly se dit « très fier de jouer devant des compatriotes avec le maillot du meilleur club du monde ».

Deux jours seulement après avoir affronté et battu la Juve dans le Calcio, Milan débarque dans une Meinau archi-comble.

A cet instant, Sauzée s'interdit presque de rêver : « Chercher des lacunes dans cette équipe, c'est être tombé sur la tronche. Le seul danger, c'est eux-mêmes. Qu'ils nous prennent par le bas. Mais je connais Milan. Ça n'arrivera pas. » Duguépéroux, pour sa part, est encore sous le choc du Milan-Juve. « J'ai vu ce que je pensais voir. Une formidable machine à gagner, impressionnante. Heureusement que ce sont des hommes avec leurs limites. »

Les limites ce soir-là sont plutôt dans le camp alsacien. Strasbourg tient son rang, mais laisse passer sa chance quand Keller seul devant Ielpo ne conclut pas (76e). La sanction de cet échec tombe trois minutes plus tard. Une talonnade géniale de Weah propulse Simone vers le but victorieux. Classique, désespérément classique. « A la milanaise », titre *L'Équipe*.

UN ÉTÉ DE FEU

En ce 1er juillet, le stade de la Meinau ressemble à un faubourg d'Istanbul. Sur les 10 000 spectateurs présents, plus de 6 000 sont turcs. Strasbourg reçoit Genclerbirligi Istambul. Histoire de fêter la naissance de cette drôle de Coupe Intertoto dont on imagine encore mal les effets, les Alsaciens s'imposent 4-0. Même motif même punition pour le Floriana de Malte : 4-0. Et comme les meilleures choses n'ont pas obligatoirement une fin, 4-0 encore face aux Autrichiens du Tyrol Innsbruck.

Juste le temps de souffler un peu face aux Israéliens du Petah Tikvah, 0-0, et c'est reparti à l'occasion des huitièmes de finale pour lesquels Strasbourg s'est qualifié brillamment.

Les Autrichiens de Worwaert Steyr n'existent pas : 4-0, tarif unique. Il reste un obstacle à franchir pour atteindre le tour préliminaire de la Coupe de l'UEFA, objet de tous les désirs. L'adversaire se nomme Metz. C'est en Lorraine que la bande à Duguépéroux s'impose 2-0 en fin de match, grâce à Sauzée et Mostovoi.

Place aux rencontres aller-retour du mois d'août. Revoilà le Tyrol Innsbruck, rescapé lui aussi des matchs de poule. « Il ne faut pas prendre ce match à la légère », dit Sauzée. Et son président Roland Weller ajoute : « Il nous reste deux matchs pour être pleinement européens. »

Le premier, à Innsbruck, se termine par un score nul, 1-1. « Ce serait trop bête de buter sur la dernière marche », affirme Marc Keller. Strasbourg ne bute pas. Il écrase son rival 6-1 et se retrouve au rendez-vous de septembre. En seconde période, la supériorité physique des Alsaciens est évidente. Deux buts de Sauzée, un de Mostovoi et trois de Keller les envoient au Paradis de l'UEFA. Sauzée jubile : « J'ai retrouvé un peu le parfum de la Coupe d'Europe que j'avais connu avec Marseille. » Rien que ça.

A la Meinau, Weah échappe à Lebœuf, et Milan renverse Strasbourg.

« Ils ont été efficaces, pas nous. Milan est vraiment très fort. » Le constat de Duguépéroux est limpide. Au moins le jeune milieu de terrain Olivier Dacourt gardera-t-il un éternel souvenir de la soirée : « J'avais une boule dans le ventre avant d'entrer sur le terrain. Ce sont mes idoles. »

Difficile de déboulonner des idoles. Alors, on fait semblant d'y croire, comme Lebœuf qui affirme : « On ne misait pas un kopeck sur la France en Roumanie » ; ou comme Duguépéroux qui ajoute : « Ils nous prennent pour des billes. On n'est pas fous, mais on va à San Siro pour bien jouer, et pourquoi pas pour gagner. » Tout cela n'est pas bien convaincant.

Et logiquement, devant seulement 13 000 spectateurs, Milan, sans forcer, s'impose de nouveau (2-1). Baggio, qui effectue sa rentrée, marque deux fois. Sauzée réduit le score sur un superbe et lointain coup franc. De suspense, il n'y a jamais eu.

« On n'a pas assez osé, regrette Sauzée. On a donné le meilleur de nous-mêmes, souligne Duguépéroux. C'était mission impossible. On a vu la différence entre la meilleure équipe d'Europe et la nôtre. »

De son côté, Marcel Desailly, un peu hautain, déclare : « Les Strasbourgeois ne nous ont pas beaucoup mis en difficulté. » Bientôt, contre une autre équipe française, il fera moins le fier.

A San Siro, il n'y a que 13 000 spectateurs pour voir Mostovoi et Desailly.

La fête au village

En s'imposant au mois d'août à Nantes malgré Pedros, le PSG de Djorkaeff et Fournier croit à la passation de pouvoirs...

Magnifique champion au printemps 1995, Nantes se relance dans la douleur quand sonne l'heure de la reprise.

En ce début de saison, Guy Scherrer, président des Canaris, a des soucis. Karembeu et Loko veulent partir. Coûte que coûte. Pour le premier, direction la Sampdoria de Gênes. Sans drame. Pour le second, la barre est à 15 millions de francs. « En dessous, je ne discute même pas », dit Guy Scherrer. Le PSG veut Loko. Mais pas à plus de 10 millions. « Nous ne ferons pas de surenchère », clame le président parisien Michel Denisot.

Le 14 juillet, Loko signe à Paris. « On n'a pas été volés », se réjouit le président nantais. Libre à chacun de deviner le prix de la transaction. Le joueur dit son bonheur : « Paris, c'est un rêve de gosse. Je suis en pleine forme. Nantes, il ne faut plus m'en parler. Je suis à cran. J'ai envie de réussir. C'est pour cela que je suis très énervé. »

Piégés par Martigues (0-0), Dely Valdes et le PSG peuvent dire adieu au titre.

Nantes s'est enrichi, mais a perdu beaucoup de sa force. Paris, en revanche, fait feu de tout bois. Outre Loko, le Monégasque Djorkaeff, le Lyonnais N'Gotty, le Bordelais Fournier, le Panaméen de Cagliari Dely Valdes et l'Auxerrois Mahé rejoignent la capitale.

Comment dans ces conditions le PSG ne partirait-il pas grand favori ?

Le premier leader s'appelle Cannes, vainqueur de Lyon 3-0. Le deuxième s'appelle... Nantes, qui s'impose 4-0 à Martigues. Nantes a bien préparé le grand choc de la troisième journée qui doit l'opposer au PSG. Mieux que les Parisiens, tenus en échec au Parc des Princes par le promu Guingamp, après un premier match nul à Bastia. « Je reste hyper confiant, affirme Fernandez. Le PSG a besoin d'un match référence où il va réussir un truc. Si c'était à Nantes ce serait idéal. »

C'est sans Patrice Loko que le PSG débarque à la Beaujoire. Dépressif, l'ancien Nantais a fait des bêtises au cours d'une nuit parisienne très mouvementée. Dans l'affaire, il a récolté un séjour en garde à vue, avant de partir se faire soigner. Il ne voit pas sa nouvelle équipe s'imposer 2-1. Après un but de Pedros et une égalisation de Rai, le score reste longtemps en l'état. A la 73e minute, Pascal Nouma fait son entrée ; à la 84e, il marque du tibia ; à la 86e il est expulsé. Ce type-là a l'art de se distinguer.

Fernandez est heureux : « La saison dernière, nous avions pris une leçon de réalisme. Cette année, nous gagnons peut-être contre le cours du jeu, mais on a placé le contre qu'il fallait. » Suaudeau râle un peu : « Il n'y a que le score qui sépare Nantes du PSG. » Pendant ce temps, à Monaco, Auxerre mené 0-2 revient à 2-2. « Physiquement, nous sommes un peu mieux que les Monégasques, se réjouit Guy Roux. Nous avons de belles forêts, vous savez. »

Du coup, Bastia prend la tête. « Je constate simplement que, dans cette

Grâce notamment à son buteur Drobnjak, Bastia est leader pendant deux journées.

équipe, il y a du talent », déclare l'entraîneur corse Frédéric Antonetti. Et avec ce talent, Bastia conserve la première place une journée de plus en disposant de Monaco 2-1. « Il faut apprécier l'instant et rester humble », tempère Antonetti.

L'équipe corse battue sèchement à Saint-Étienne, c'est ensuite le PSG qui émerge, à égalité de points avec Guingamp. L'entraîneur breton Francis Smerecki n'a pas la mémoire courte : « Dire qu'il y a vingt-quatre mois on allait à Noisy-le-Sec et à Aubervilliers ! » Il n'y a pas vraiment de regret dans sa voix.

Son homologue lillois Jean Fernandez est moins joyeux. Il est le premier entraîneur de la saison à être viré.

Après six journées, Paris toujours leader compte 14 points. Son dauphin, à égalité de points, s'appelle Metz, dont le président Carlo Molinari déclare : « On ne se prend pas pour des héros, mais j'ai le sentiment qu'une équipe pointe à l'horizon. »

La *Marche lorraine* ne va pas tarder à retentir. Le temps pour le PSG d'occuper seul la tête et pour Nantes de s'enfoncer après une accumulation de matchs nuls et de défaites.

C'est à la onzième journée que Metz s'empare du pouvoir. Occupés par la Coupe d'Europe, les Parisiens lâchent du lest en championnat. Ils s'inclinent à Montpellier, battent Strasbourg, puis perdent à Lyon. Pendant ce temps, les Lorrains l'emportent à Monaco, merci Pires, à Martigues, puis battent Auxerre, ce qui les propulse en tête. Ce soir-là, ils lancent la mode de la chenille, merveilleux moment de jubilation collective. « On ne peut pas expliquer notre classement par la seule réussite », souligne le capitaine Sylvain Kastendeuch.

Sur sa lancée, Metz gagne à Nice, encore merci Pires, et bat Bordeaux. Paris est à 6 points, puis à 4 après avoir battu

Cobos, Llacer, Mahu, Rai, Djorkaeff (embrassé par Bravo) : Paris triomphe à Metz 3-0 !

Auxerre dans les grandes largeurs (3-1). « On a pris une vraie leçon de football, reconnaît Guy Roux. Pendant trente minutes, on n'a pas vu le ballon. »

Le PSG, qui vient d'éliminer le Celtic en Coupe des Coupes, a l'esprit libre quand il se rend à Metz pour le compte de la 15e journée. « On ne perdra pas », affirme Djorkaeff. « Si on perd, c'est logique », commente Pouget le Messin. Toute la rencontre est dans ces deux déclarations. Confiance d'un côté, petit complexe de l'autre et Paris s'impose haut la main 3-0. « Paris est le futur champion », clament en chœur Pires et Pouget.

Luis Fernandez, un peu bousculé par son entourage depuis le début de saison, en profite pour lâcher : « Le patron, c'est moi. A la fin de la saison, je prendrai peut-être une année sabbatique. » Pour l'instant, personne n'y croit.

Et le PSG devient soudain irrésistible, tandis que Metz, encore groggy, est à la peine. Défaite à Bastia, défaite contre Saint-Étienne, match nul à Guingamp. C'est ainsi que, dès la 18e journée, après un succès sur Nice, un autre à Martigues et un nul à Lille, le PSG devient champion d'automne. Titre consolidé à l'occasion de la dernière journée du parcours aller avec une victoire sur Bordeaux 3-0.

A mi-parcours, Paris compte 7 points d'avance sur Metz et Auxerre qui s'incline sur son terrain contre Guingamp : « Ce match marque de manière absolue nos limites », martèle Guy Roux.

Paris est le meilleur champion d'automne depuis vingt-six ans. Et au cours des dix dernières saisons, jamais un champion d'automne possédant au moins 3 points d'avance n'a laissé échapper le titre. Le directeur sportif nantais Robert Budzinski résume la pensée générale : « Je vois le PSG remporter le titre et je l'en félicite à l'avance. »

Dans un océan de louanges et de certitudes, personne n'entend vraiment Jean-Claude Suaudeau déclarer : « Avant le championnat, j'avais dit que Nantes avait ouvert une brèche et que rien ne disait qu'Auxerre ne serait pas notre successeur. Je ne dis pas qu'Auxerre sera champion, mais que c'est l'équipe, et la seule, qui gênera les Parisiens jusqu'au bout. Son milieu de terrain est un joyau. Il n'a pas d'équivalent en France. »

La fin de l'année civile ne bat pas en brèche l'opinion générale. Nantes, diminué par les blessures, rend visite à Paris, trois jours seulement après avoir obtenu sa qualification pour les quarts de finale de la C1 ; et repart avec une valise bien pleine. Vainqueurs 5-0, les Parisiens ont fait une véritable démonstration de force et de talent.

« Je n'aime pas l'expression passage de témoin », dit Fernandez. Pourtant, ça y ressemble tellement que *L'Équipe* écrit: « On a assisté à une véritable passation de pouvoir. L'ampleur du score et le spectacle produit prouvent que le PSG n'a pas de rival en championnat. »

« On ne se sent pas fort, on est fort », affirme Bernard Lama. « Désormais, notre objectif c'est d'être champion avec la manière », ajoute Djorkaeff. Et Michel Denisot fait preuve d'une volonté sans faille: « Le titre, c'est plus qu'un objectif, c'est une obsession. »

Auxerre, battu à domicile par Monaco, est à 10 points, tout comme Nantes. A la trêve, après vingt-deux journées, c'est Lens qui est second. A 6 points.

Pourtant l'« obsession », en cette année 1996 naissante, va tourner au cauchemar. Match nul à domicile contre Gueugnon pour la reprise, ça peut arriver. Match nul au Havre ensuite, avec égalisation havraise à la dernière minute, ça agace, mais sans plus. « D'ailleurs, observe Paul Le Guen, sans cette égalisation de dernière minute, on aurait dit que le PSG est reparti! »

Une victoire même difficile sur Cannes pour enchaîner, ça rassure un peu. La défaite à Monaco qui suit énerve en revanche carrément Luis Fernandez: « Emmanuel Petit marque d'un coup franc qu'il n'aurait jamais dû tirer puisqu'il aurait dû être expulsé quelques minutes auparavant. Puisqu'il n'est plus sur le terrain, forcément il n'y a pas but. » CQFD. Auxerre est maintenant à 6 points, mais avec un match en retard à disputer. Ce qui ne suffit pas à faire rêver Sabri Lamouchi: « Nous ne luttons pas dans la même catégorie que Paris. Devant pour Paris c'est le train-train habituel. Les Parisiens vont vite se remettre sur les bons rails. »

C'est ce que l'on croit en effet, surtout quand, à un quart d'heure de la fin de leur match contre Montpellier, ils mènent 2-0.

Emmené par un excellent Martins, Auxerre cueille le titre à Guingamp.

Guérin devancé par le Gueugnonais Acedo; le PSG finira la saison « seulement » deuxième.

Mais de façon incroyable ce dimanche soir, au Parc des Princes, pour des raisons non clarifiées jusqu'à ce jour, Paris craque tandis que le championnat entame son véritable mouvement de bascule. En six minutes, Sanchez, Lefèvre et Robert inscrivent trois buts et Montpellier s'impose. Auxerre, vainqueur de Lyon, n'est plus qu'à 3 points, avec toujours un match de retard. « La défaite du PSG relance le championnat », reconnaît l'Auxerrois Martins.

A Paris, c'est l'assommoir. « Il y a eu un relâchement qui tue et qui n'est pas tolérable », affirme Fernandez dépité. L'état d'urgence est décrété avant le déplacement à Strasbourg. Fernandez est remonté comme un coucou. « J'ai envie de rester, jure-t-il maintenant. C'est dur de me fragiliser. »

Mais les mots ne gomment pas les maux. Paris perd encore en Alsace. Comme dans le même temps Auxerre s'est incliné à Rennes, le PSG choisit de faire bonne figure. « J'ai retrouvé une équipe en révolte. Il ne lui a manqué qu'un peu de chance », commente Luis. Et Michel Denisot est péremptoire : « L'entraîneur reste et je le soutiens. Il faut se serrer les coudes. »

C'est la première fois depuis 1989 que le PSG perd trois fois de suite en championnat. Ce qui ne suffit pas à dérider Guy Roux : « En juillet, je vise le maintien. En février ou mars, je commence à penser à l'Europe. Mais soyons sérieux. Pour voir plus haut, il me faudrait beaucoup de mois en plus. »

A Paris, en tout cas, on commence à douter. Dans la foulée de ces trois revers, l'élimination de la Coupe de France, à... Auxerre, fait très mal. Lens débarque au Parc pour un match sous très haute tension. Fernandez, avec le soutien, ou sous le contrôle, on ne sait pas très bien, d'un comité sportif composé de dirigeants, part seul se mettre au vert avec ses joueurs. Et le PSG gagne, grâce à un petit but de Loko, semblant ainsi donner raison aux dix-sept entraîneurs sur vingt, parmi lesquels Guy Roux bien sûr, qui avant cette rencontre le voyaient futur champion.

A l'image de Blanchard sur Fournier, Metz fauche le PSG au Parc (3-2).

Paris donne l'impression d'avoir enlevé la Coupe du monde. « Nous nous sommes révoltés contre nous-mêmes, martèle Lama. C'est la victoire de tout le club, de tous les entraîneurs, pas seulement de Luis et des joueurs. »

Le succès à Rennes, huit jours plus tard, ressemble à une guérison. « Je retrouve le PSG d'avant la trêve », se rejouit Luis. « Psychologiquement, on a frappé un grand coup. On va refaire peur », déclare Djorkaeff.

Strasbourg qui bat Auxerre en match en retard, voilà une autre bonne nouvelle pour le PSG qui, après trente journées, compte 5 points d'avance sur l'AJA et 6 sur Metz, qui a toujours deux matchs en retard. Guy Roux jette officieusement l'éponge : « L'ambition, on l'a. Mais on voit que le PSG est dans un fauteuil. Ils se frisent, les Parisiens, je vous dis. » Paris s'impose à Lyon, Auxerre à Nice et voici le grand choc au stade Abbé-Deschamps, trois jours après PSG-Parme. « Mes joueurs sont carbonisés, mais nous avons l'intention de réussir un truc », proclame Fernandez. A Auxerre, le gardien de but Lionel Charbonnier se lamente : « Ça fait longtemps que je pense qu'on peut être champion. Seulement, ce n'est pas à sept matchs de la fin qu'il faut s'en persuader, c'est en début de saison. »

Allez, il n'est jamais trop tard pour bien faire. Ce soir-là c'est Auxerre qui donne la leçon : 3-0 ! Un score sévère mais juste. Le jeune Cédric Pardeilhan, imprudemment lancé dans cette galère, n'est pas près d'oublier Bernard Diomède qui lui donne le tournis. Fernandez est philosophe et moqueur : « Auxerre était plus fort. Guy Roux doit être content, il a assuré son maintien. »

Le fait est que Roux change légèrement de ton : « Bien sûr que nous pensons au titre, mais notre calendrier est bien trop difficile. Il faudrait pour y arriver une défaillance de Paris et je ne crois pas que les événements aillent dans ce sens. »

Après son court voyage à Auxerre, Paris, qui est dans sa période « dauphins », reçoit Metz. « Ce match est capital. Il faut absolument le gagner », affirme Fernandez. Et pourtant, Paris perd 3-2. Pires et Pouget sont passés par là, mais surtout le PSG a joué sans Rai, Loko ni Djorkaeff, blessés. Auxerre, impressionnant vainqueur à Lille, 4-0, prend la tête avec 1 point d'avance sur Paris et 3 sur Metz, revenu du diable vauvert et qui compte encore un match de retard.

Un nouveau championnat commence sur cinq journées.

« Le PSG sera champion », promet Vincent Guérin, histoire de se rassurer. « Le titre est entre nos pieds », dit Sabri Lamouchi. « Si on a la moindre chance d'être champion, on ne la laissera pas passer », jure Robert Pires. Le grand embouteillage de printemps est passionnant.

Guy Roux se découvre enfin : « Cette première place ne m'empêche pas de dormir. Chez nous, tout est prévu, même la prime à verser aux joueurs s'ils sont champions. »

En attendant, Auxerre bat Bordeaux tandis que Paris s'impose à Nice à l'ultime minute. Metz, qui perd son match en retard contre Monaco, décroche.

Plus que quatre matchs. Auxerre est tenu en échec à Bastia. Le match du PSG est décalé du dimanche au mardi pour cause de marathon de Paris et de forces de police insuffisantes. Roux râle : « PSG a un douzième joueur : le préfet de police de Paris. » Et Charbonnier, après le nul à Bastia, insiste : « On verra ce que font les autres. Enfin, s'ils jouent un jour. »

Dire que Paris joue ce jour-là serait excessif. Paris déjoue, et se laisse accrocher par Martigues (0-0). « On va gagner, marquer des buts et puis voilà », avait dit Daniel Bravo, qui ne ferait pas un bon devin. Au coup d'envoi, il est sur le banc avec Djorkaeff pour des raisons sans doute disciplinaires. « La préparation de cette rencontre a été à l'image du temps, explique Djorkaeff. Avec de la grêle et du soleil. » Comprend qui peut.

Deux jours plus tard, Luis Fernandez annonce qu'il ne sera plus entraîneur la saison prochaine. La vie parisienne est agitée alors que le match contre Lille est proche. La veille, en match avancé, Auxerre assure en battant Saint-Étienne 2-0. Et Paris va gâcher. Horriblement. Un but de Collot en fin de partie sur la pelouse du Parc règle quasiment le sort du championnat et de son favori.

Michel Denisot s'étrangle : « Je n'oublierai pas cela. Je n'oublierai jamais. Mes joueurs me trompent. » Fernandez, dans un rôle à contre emploi, déclare : « Pour moi, ce n'est pas un échec. » Personne ne le croit. « Aujourd'hui, tout s'écroule », se lamente Loko. Guy Roux savoure : « Cela améliore légèrement la situation en notre faveur. »

Si légèrement, que dès la journée suivante, l'avant-dernière, Auxerre, déjà vainqueur de la Coupe, réalise un fantastique et historique doublé. Un match nul à Guingamp fait l'affaire.

Les masques tombent. Notamment celui du rusé Guy Roux, qui reconnaît : « Depuis un moment, je disais à mes joueurs : "Allez, ce titre, ce doublé, on va essayer de se les jouer entre nous." » Toujours aussi didactique, il tire la morale de la fable : « On peut réussir en football professionnel avec un ballon, du travail et de la patience. Et c'est le plus grand moment de ma carrière. »

Dans la nuit, 2 000 supporters attendent les nouveaux champions à l'aéroport d'Auxerre. C'est la fête au village pour ce petit grand champion qui termine par un succès sur Nantes. Le voilà enfin le véritable passage de témoin, auquel on avait pourtant cru assister quelques mois plus tôt du côté du Parc des Princes. Preuve que le football est capable de tous les pieds de nez, même les plus monumentaux.

Diomède, Guivarc'h, Blanc, Cocard, Silvestre, Goma, Violeau, Laslandes et Charbonnier : ils sont champions de France !

Des larmes de crocodile

Capitaine Martins fou de la Coupe.

Le cinquième tour de la Coupe de France ne passionne pas les foules. L'apothéose du Parc des Princes est encore loin, trop loin. A ce niveau de la compétition, les gros bras viennent de la Nationale 1. Le 29 octobre 1995, l'équipe de Lunel croit bien tenir l'exploit. Elle mène 2-1 contre le grand Nîmes Olympique devenu tout petit, sauf pour une équipe de division d'honneur. Il reste une minute. Une de trop pour Lunel. Nîmes égalise et marque trois buts durant la prolongation.

A la mi-novembre c'est Castelnau-le-Cres qui résiste vaillamment. Le Nîmois Ecker signe l'unique but du match à la 90e minute. Le 3 décembre, Nîmes reçoit Muret, pensionnaire comme lui de la N1. Et s'impose 3-2.

Les Gardois atteignent ainsi le huitième tour. Leur présence ne dérange personne. Sauf l'équipe de N1 de Sète, qui s'incline à domicile (0-1) contre les Crocodiles.

Quand enfin, au cœur de l'hiver, les équipes de Première Division font leur entrée, personne n'a vraiment remarqué que Nîmes est toujours là, miraculé de l'automne, promis à une fabuleuse destinée.

Laissons donc les Nîmois quelques instants. D'ailleurs, leur match contre Saint-Priest (Nationale 2) est reporté. Faisons plutôt un tour du côté du Stade Vélodrome, à Marseille, où l'OM affronte Endoume, équipe de quartier de la cité phocéenne, dont le président Di Giovanni affirme : « Un supporter d'Endoume est aussi forcément un fou de l'OM. Ça ne nous empêchera pas de vouloir marcher sur le ventre du grand frère. » Bien essayé, mais raté.

L'OM gagne 2-0.

A Lyon, Auxerre l'emporte 1-0. A la 88e minute, sur la même action, le ballon a percuté trois fois les poteaux de Charbonnier sur des frappes de Gava, Roche et Sassus, lequel soupire : « Ça relève du mysticisme, du surnaturel. »

Nancy qui élimine Rennes, Niort qui sort Guingamp ou Valence qui s'impose à Gueugnon, voilà de bonnes surprises de type classique. Rien à voir avec le succès de Blénod, formation lorraine de Nationale 3, sur Bastia. Ancien club de D2, du temps des footballeurs ouvriers et de la splendeur des fonderies de Pont-à-Mousson, Blénod n'a plus de moyens.

Son entraîneur Georges Dorget, surnommé Titi, le constate : « Grâce à l'usine et à la centrale électrique, la ville est très riche. Mais elle ne fournit de travail à aucun des joueurs. Si les industriels et les élus ne comprennent pas qu'on a besoin d'eux, on n'a plus qu'à mettre la clé sous la porte. » L'élimination de Bastia, sur un but de Bernard Bouchon, qui récupère un dégagement raté du gardien Valencony, peut les aider à comprendre. « C'est incroyable, c'est un miracle », déclare Titi. Toto, nous voulons parler de Frédéric Antonetti, entraîneur de Bastia, n'apprécie que moyennement la blague : « Ce soir, c'est moi qui me sens petit. »

En seizièmes de finale, Blénod reçoit Le Havre. Nîmes, s'il bat Saint-Priest, accueillera Saint-Étienne, et Monaco, qui a déjà dû éliminer Lens, ira à Nantes. Les Monégasques, qui mènent 2-1 à la 119e minute, se font remonter à la 120e, puis sont menés 2-0 dans la séance des tirs au but, avant de gagner 5-4. Quelle émotion !

D'émotion, il n'y en a guère au Mans, où Auxerre domine tranquillement 2-0. Depuis 1980 et sa montée en Première Division, Auxerre n'a jamais été éliminé de la Coupe par plus petit que lui.

Si au Mans tout est calme, en ce samedi de février les coups de tonnerre se multiplient, provoqués par des clubs de Nationale 1. Tandis que Blénod, faute de terrain

Toulon sort Bordeaux et la Nationale 1 fait des ravages parmi l'élite.

praticable, doit patienter, Nîmes, qui a finalement battu Saint-Priest (3-1), se fait la peau des Verts sur le même score. Antoine Préjet a ouvert le score en première mi-temps. Après coup, il racontera : « J'ai troué mes chaussures à l'échauffement. Le directeur sportif Pierre Mosca m'a passé une autre paire en me disant : "Avec celle-là, tu marqueras." » Deux autres buts de Ramdane et de Gros achèvent Saint-Étienne. Abder Ramdane est cruel : « On a plus tremblé contre Saint-Priest. »

A Nîmes, l'ex-international Christian Perez a effectué son retour après trois mois d'absence pour blessure. Il se régale : « C'est vraiment un bon moment. Ce soir, nos jeunes ont pris de la valeur. » Ça ne fait que commencer. Pour l'entraîneur bordelais Slavo Muslin, en revanche, c'est terminé. L'élimination à Toulon (3-2) lui coûte sa place. Cabezas a marqué le but de la victoire à la 105e minute. Il exulte : « Je n'avais jamais vu Mayol comme ça. Le public a été génial. On a joué avec l'esprit toulonnais. » « Au coup de sifflet final, j'avais la larme à l'œil », avoue le pourtant rugueux entraîneur Luigi Alfano.

La défaite de Martigues à Thouars (1-0) est moins surprenante.

Cette émergence du N1 masque un peu les surprises plus conventionnelles. Laval, Caen et Sochaux sortent Nice, Metz et Cannes.

Pour les clubs de D1, c'est l'hécatombe. Ils ne sont plus que cinq sur quatorze en attendant que se déroulent Montpellier-Istres et Blénod-Le Havre.

Mais écoutez le chant qui sort du vestiaire lorrain : « On est en huitièmes, on est en huitièmes. » Oui, ils sont en huitièmes, car les Havrais se sont inclinés aux tirs au but (1-1, 5-4).

A la mi-temps, ils menaient pourtant 1-0. A la 69e minute, le libero de Blénod Christian Schmitt sauve sur sa ligne. A cinq minutes de la fin, c'est lui qui égalise. Il est abasourdi : « Vous vous rendez compte, c'est le premier but que je marque en équipe première depuis six ans et c'est mon premier but du gauche ! »

Blénod devient la première équipe dans l'histoire de la Coupe à avoir sorti deux fois de suite un club évoluant quatre divisions au-dessus. Titi Dorget est sous le choc : « Dans mes messages d'avant-match, pas une fois je n'ai évoqué la possibilité de nous qualifier. C'eût été de la prétention. »

Comme récompense, Blénod gagne le droit de recevoir l'OM. Mais la grosse affaire de ces huitièmes de finale, c'est le duel entre les deux premiers du championnat, PSG et Auxerre. A ce moment de la saison, Paris ne va pas fort. Luis Fernandez fait pourtant le fier : « En ce moment, tout le monde a envie de jouer

Coup d'éclat historique de Blénod (N3) qui élimine Le Havre après Bastia.

contre nous. Il paraît qu'on est bons à prendre. Mois je dis: attention. On a besoin d'un résultat. »

Résultat? 3-1 pour Auxerre. « La débandade », titre *L'Équipe*. Llacer expulsé à la 29e minute, Paris a été complètement dominé. Cinq fois des Auxerrois sont arrivés seuls devant Lama. « On a été ridicules. On ne peut pas tomber plus bas », commente le gardien parisien. « C'est une grosse claque, ajoute Djorkaeff. On s'est fait trimballer, marcher dessus. »

Paris perd sa Coupe et Toulon ses espoirs, aux tirs au but seulement, contre Montpellier. Michel Mézy, entraîneur de Montpellier, reconnaît: « Je n'avais pas fait travailler les tirs au but, car je ne pensais pas qu'on en arriverait là. »

Blénod, de son côté, cède in extremis sur des buts de Libbra (86e et 90e). « On a échappé à un traquenard », déclare Marcel Dib le Marseillais. Et Nîmes, dans tout ça? Il se déplace à Thouars, où il gagne 2-0. Du haut de ses 64 ans et de son passé de joueur du club, l'entraîneur Pierre Barlaguet commente: « Ce soir, on s'est rapprochés du Nîmes Olympique de jadis; celui des combattants, des guerriers. »

Nîmes vient d'éliminer le futur dixneuvième de la D1. Le voilà maintenant au pied du futur dixième, Strasbourg. « On a une petite chance, avance timidement Barlaguet. Mais si j'avais à choisir entre un nouvel exploit et le maintien en Nationale 1, je choisirais sans hésiter le maintien. »

Dévoré par la Coupe, Nîmes galère en championnat. Avant la rencontre, le Russo-Alsacien Mostovoi envisage le meilleur dans le pire: « Je vois bien notre gardien Vencel nous tirer d'affaire en sortant un ou deux tirs au but. »

Strasbourg ira bien en prolongation, mais pas aux tirs au but. Il est éliminé avant. Pourtant, il ouvre le score par Frankowski dès la 11e minute. Gros égalise en glissant un ballon entre les jambes de Vencel. En seconde mi-temps, le « vieux » Christian Perez donne l'avantage aux Gardois d'une subtile pichenette. Mostovoi égalise sur penalty. A partir de là et à la surprise générale, Nîmes met le turbo. Frappe sur le poteau (84e), penalty de Ramdane sur le poteau (109e) et enfin but de Sabin, entré en jeu cinq minutes plus tôt, d'une reprise de la tête aux 6 mètres (112e).

Au coup de sifflet final, l'ultime buteur s'effondre en larmes sur la pelouse. « On vit un rêve », dit Barlaguet. Et Abder Ramdane lâche: « Je ne comprends pas ce qui s'est passé, et je ne veux même pas chercher à comprendre. »

Pendant ce temps, au Stade Vélodrome, l'OM fête sa victoire sur Lille, après le penalty transformé par Ferrer pour une faute inexistante sur Cascarino (79e).

Auxerre et Montpellier complètent le dernier carré. Les Bourguignons ont gagné à Valence 2-0 grâce à Blanc et à Diomède. Les Héraultais ont battu Caen 1-0. Un petit but inscrit par… Petit en début de rencontre.

OM-Auxerre et Nîmes-Montpellier. Ainsi en décide le tirage au sort. Les réactions pleuvent. Pierre Barlaguet: « Notre chance est minime, mais elle existe. » Louis Nicollin: « On va tout droit vers une finale Auxerre-Montpellier. Si ce n'est pas le cas, mes joueurs feront à pied les 40 kilomètres qui séparent Nîmes de Montpellier, encadrés par mes chevaux. »

Guy Roux: « Nous ne partons pas favoris. » Gérard Gili: « Cette demi-finale est véritablement un événement extraordinaire. Elle provoque le même engouement qu'un match de Coupe d'Europe. »

Au bord de la retraite, le grognard Marcel Dib garde les pieds sur le gazon: « M'arrêter sur une finale de Coupe n'est pas un rêve. Le rêve, c'est de monter en D1. » Cela ne l'empêche pas de tirer des plans sur la comète: « Il faut arriver à 0-0 à la mi-temps. Plus les minutes passeront, plus nos chances augmenteront. »

Guy Roux n'est pas plus bouleversé que

ça par ce qui attend ses joueurs : « Vous savez, quand on a joué à Arsenal, Nottingham ou Olympiakos, on ne craint pas le Stade Vélodrome. »

Pour une fois, il a tort, le sorcier bourguignon. Sous l'énorme pression du public, ses joueurs sont dans leurs petits souliers. L'OM, totalement dominateur et survolté, se crée quatorze occasions de marquer avant la 117e minute, qui voit Sabri Lamouchi ouvrir le score en contre. Le Stade Vélodrome s'est tu. Soudain, deux minutes plus tard, Bjekovic s'effrondre à l'entrée de la surface. Sans doute un violent coup de mistral. Penalty, indique l'arbitre à la surprise générale des rares spectateurs neutres. Ferrer égalise. S'ensuit la terrible séance des tirs au but. Gérard Depardieu, nouvelle mascotte auxerroise, quitte la tribune et s'installe sur le banc de touche pour y assister.

Ce pile ou face s'achève par un arrêt de Charbonnier, héros du jour, sur la frappe de Cascarino.

Dib-Saïb : la détermination de l'OM contre la classe d'Auxerre.

Ferrer est accablé : « Quand j'ai égalisé, je me suis dit que les dieux étaient avec nous. J'aurais préféré perdre 2-0 ou 3-0 que comme ça. » « On méritait tellement d'aller au Parc », soupire Dib. Guy Roux est admiratif : « Il n'y a pas beaucoup d'équipes capables de réussir ce qu'a fait l'OM. » Quant à Gili, il préfère positiver : « On va tout faire pour qu'il y ait d'autres OM-Auxerre la saison prochaine. » Il y en aura.

Mais revenons à nos Nîmois, qui accueillent Montpellier. « On n'a aucune chance, mais on la jouera jusqu'au bout », a déclaré dans un saisissant paradoxe le président André Landes.

C'est pourtant Abder Ramdane qui ouvre.. et ferme le score à la 9e minute. Un but d'anthologie : petit pont et frappe à ras de terre. « Un but de Coupe du monde », dira le président Landes. Englué, Montpellier domine toute la rencontre sans se créer de véritables occasions d'égaliser. L'impossible est arrivé. Nîmes est en finale. Pour la première fois, un club n'appartenant pas aux deux premières divisions atteint ce niveau.

« Je ne sais plus où j'en suis », affirme Perez. Ramdane non plus ne sait plus où il en est. Ce pur Nîmois, enfant d'une cité HLM où il vit encore, est victime d'un traumatisme crânien. Il a quitté le terrain en début de seconde période. Complètement dans le cirage, le visage tuméfié, il ignore même que Nîmes a gagné.

Louis Nicollin, pour sa part, le sait trop bien, mais il fait bonne figure : « Rater une demi-finale comme ça, ça fait chier. Enfin, c'est la vie. Il ne faut pas brûler ce qu'on a adoré. »

Le soir du grand soir, Ramdane, opéré pourtant de l'os malaire, est bel et bien là : « Si nous prenons une leçon des Auxerrois, j'en serai fier », prévient-il. « Je ne nourris aucune illusion, répète à l'envi Pierre Barlaguet, mais, lors des tours précédents, j'avais déjà dit la même chose. Alors... » Nîmes va-t-il supporter la pression de

Christian Pérez a les larmes aux yeux : Nîmes sort Montpellier en demi-finale !

La joie mémorable du buteur Ramdane.

l'événement ? C'est la grande question. « Au début, on va bicher, prédit Omar Belbey, l'ancien chômeur. On sera un peu des touristes. »

Erreur totale. Dès l'entame, Nîmes plonge avec délectation dans la finale devant 11 000 de ses supporters montés à la capitale. Et Nîmes, dans un déferlement d'enthousiasme, ouvre le score à la 25e minute. Ramdane a débordé et centré en retrait. Belbey a repris de volée du gauche au point de penalty. « Je me suis frotté les yeux pour y croire », dira-t-il.

C'est superbe, c'est sublime. La fête au poteau de corner est monumentale. « J'ai pété les plombs, reconnaîtra Ramdane. Je voulais me déshabiller et faire un tour d'honneur avec le maillot accroché au poteau. »

A la mi-temps, le rêve fou est en marche. Laurent Blanc l'écorne en reprenant de la tête un corner mal repoussé (52e). Au fil des minutes, Auxerre acquiert le monopole du ballon et du jeu. Dans les buts, Philippe Sence repousse tout ce qu'il peut. Y compris un penalty de Laurent Blanc (90e). Mais deux minutes auparavant, il n'avait rien pu faire sur une reprise de la tête de Laslandes.

A défaut d'entrer dans l'histoire, Nîmes est entré dans la légende. Guy Roux l'a bien compris. Pour brandir le trophée, il fait monter à ses côtés Pierre Barlaguet, qui perd ce soir-là sa troisième finale après celles de 1958 et 1961.

Dans le vestiaire nîmois, rares sont les larmes et ce sont des larmes de crocodile qui laissent vite place à une franche rigolade. Comme le dit Pierre Barlaguet : « A part la défaite, tout était très bien. »

La défaite ? Quelle défaite ? Auxerre champion, Nîmes apprend quelques jours plus tard qu'il disputera une Coupe d'Europe. Comme s'il avait gagné.

Le but de Laslandes abat Nîmes et son gardien Sence.

Retour sur terre

En 1961, quand ce modeste joueur de football prend en main la destinée sportive de l'Association de la jeunesse auxerroise, le club évolue en Division d'Honneur. En 1970, il monte en Troisième Division; en 1974, il parvient en Deuxième Division; en 1979, il est en finale de Coupe de France; en 1980, il se hisse en Première Division; en 1994, il gagne la Coupe de France; en 1996, il est sacré champion de France.

Une trajectoire flamboyante dont le mérite revient presque entièrement à cet enfant de la terre, devenu homme de la balle, dont son président Gérard Bourgoin dit: « Il n'a pas le génie du ballon, mais il est intelligent et extrêmement rusé. Il possède un sixième sens; il anticipe toujours. Quand il vit un match, il est dans un état second. Il est en pleine communion avec l'au-delà du sport. » Magicien? Sorcier? Devin? Guy Roux est un peu tout ça. Ses racines sont celles des arbres et des plantes, la terre est sa mère nourricière, sa sagesse est celle de cette nature éternelle à laquelle il se réfère si souvent. Petit florilège, en dix déclarations, des pensées, des croyances et des certitudes d'un homme des bois et des pelouses, guidé par un formidable instinct et frappé par une réussite absolue.

« J'ai des intuitions foudroyantes. Un truc qui me monte de la terre. »

« On n'a jamais labouré un champ en traçant des sillons sinusoïdaux. Même dans les coins les plus reculés d'Afrique, on vous le dira. Si j'étais demain l'entraîneur du Paris SG ou d'une autre grosse équipe, vous verriez alors que Guy Roux peut être un autre homme avec une autre logique. Mais il tracerait toujours le seul et même sillon. »

« Je vis au pas du paysan. »

« Je vis au pas du paysan. Mon camp de base, c'est la nature. La forêt, les étangs, des odeurs, couper du bois. Avec tout ça, j'éprouve une solidité telle que cela me permet de relativiser, de prendre les choses au second degré et de n'avoir jamais peur. Quand on est capable de trouver le nord dans un bois plongé dans l'ombre, on n'a rien à craindre, on ne perd pas le nord dans la vie. »

« Lorsque les hommes politiques m'ont donné les palmes académiques, on m'a dit que, pour la beauté des pelouses, j'aurais pu obtenir le mérite agricole. J'ai étudié la structure des pelouses et c'est moi qui fais rentrer les engrais. »

« Depuis un mois, chaque semaine ressemble à une semaine de Coupe d'Europe. Ce sont des semaines où je suis moins heureux que d'habitude. Je n'ai pas pu aller à mon étang depuis dix jours. J'ai une couvée de canards que je n'ai pas vue grandir. C'est frustrant. »

« Nous sommes dans un site campagnard inondable, avec un terrain pas cher. Si nous étions à Nice ou à Toulon, au prix du mètre carré, il serait impossible de faire ce que l'on a fait à Auxerre. »

« Quand je me promène sur le granit, dans le Morvan, là je suis en pleine forme. Mais mon plus grand bonheur, chaque dimanche, le seul moment où j'arrête de travailler, vers 19 heures, c'est de me faire un feu de cheminée et d'y cuire des pommes de terre. »

« Mon plus grand titre, c'est d'avoir contribué à faire d'un club de patronage qui possédait 3 hectares, deux terrains et une tribune de 200 places, une entreprise de haut niveau avec 12 hectares, sept terrains, un stade de 20 000 places couvertes, deux centres de formation et l'unique salle de foot éclairée existant en France. Tout ça est beaucoup plus fort qu'un titre de champion. »

« Je travaille et un jour ça vient. »

« C'est la première année que les joueurs me croient. Avant, j'avais quelques hérissons et des poules. Aujourd'hui, les hérissons sont tous partis. Et les poules sont des animaux doués d'intelligence. Quand j'étais petit et que j'arrivais dans la cour, elles s'enfuyaient. Mais dès que mon grand-père arrivait, elles se précipitaient, parce que c'est lui qui donnait le grain. Certains de mes anciens n'avaient pas compris que c'est moi qui donne le grain. »

« Je suis une sorte de despote très éclairé. Je ne suis pas d'une nature impatiente. Je travaille et un jour ça vient. On dit que je suis un paysan madré. Mais je n'en suis pas digne. »

« Mon plus grand titre, c'est d'avoir contribué à faire d'un club de patronage une entreprise de haut niveau. »

Metz alors, une chenille !

La Coupe de la Ligue va bien à Pirès.

Elle vient de naître et elle est déjà adulte. La Coupe de la Ligue, créée par Noël Le Graët en 1994, s'installe définitivement dans le calendrier cette saison. Grâce à quelques grands matchs, beaucoup de suspense, plusieurs surprises retentissantes, une finale de faible niveau mais disputée dans un Parc à guichets fermés et une ambiance très proche de la fête que suscite sa sœur aînée la Coupe de France, enfin un vainqueur de haut niveau avec ce FC Metz qui est l'un des clubs phares de l'année. Tout cela crédibilise le tournoi des professionnels plus sûrement que le pactole financier qu'il rapporte (5 MF au vainqueur, 4 MF au finaliste) et même le passeport européen qu'il délivre à son lauréat. La « Coupe à fric », le « rendez-vous télé » est devenu une vraie épreuve.

Dès le coup d'envoi en décembre, elle s'offre un premier coup de théâtre : le Paris SG, tenant du titre et leader du championnat avec 6 points d'avance, tombe à Guingamp, « chez » Le Graët. Les Parisiens font-ils exprès de perdre ? Certes, ils effectuent le déplacement en bus – onze heures aller-retour ! – et alignent une équipe semi-réserve avec Dutuel, Dieng, Dubrocq, Domi, Allou et Nouma ; mais, sur le terrain, ils se donnent à fond. Loko ouvre même le score et il faut une grosse erreur de Domi puis, en prolongation, un tir en force de Rai pour piéger le PSG (1-2, a. p.). « On ne lâche jamais volontairement un match, et il était logique de faire tourner l'effectif », coupe court à la polémique Paul Le Guen.

Le dauphin du championnat, Lens, disparaît lui aussi, alors que son adversaire est décimé par la grippe. Mais cet adversaire, c'est Auxerre (2-0)... Bordeaux sombre à domicile face à Saint-Étienne ; Monaco, qui mène 2-0 à Nice, ne s'impose qu'aux tirs au but ; la réserve de Nantes réussit une grosse perf à Montpellier (1-0, but de Garcion) ; Metz, qui n'avait plus gagné depuis deux mois, et Lyon, le futur finaliste, écartent respectivement Dunkerque (3-1) et Angers (2-0) ; le Red Star, lui, se sort par miracle d'un duel extraordinaire avec Lorient (4-4) après avoir été mené 0-2 et surtout 2-4 à la 114e minute...

Il y a également tirs au but à Amiens. Et surprise. Les cinq tentatives de Strasbourg sont détournées par un certain Philippe Poil, déjà héros de Saint-Leu la saison précédente devant Nantes et détenteur d'un record ahurissant : depuis trois ans, il a stoppé douze tirs au but sur quinze ! Aveu de son équipier Mario Costa : « A l'entraînement, il en arrête tellement qu'on se demande si on n'a pas les pieds carrés... » Mais tout a une fin. En huitièmes de finale, à Lyon, Poil provoque un penalty sur lequel il ne peut rien et Amiens se coupe de la Ligue (1-3). Ce deuxième tour est à nouveau passionnant. Guingamp frappe encore, cette fois contre Nantes, qui baisse pavillon après avoir mené 1-0, comme Paris... Le promu a un cœur énorme, égalise par Gravelaine et, dans les cinq dernières minutes de la prolongation, s'envole par Celbran et Carnot (3-1). Mémorable.

Contre Saint-Étienne, Marseille retrouve l'ambiance des grands soirs, malgré un violent incident dans les tribunes, et le goût de la Coupe (2-0). Vainqueur, sur le même score, d'Auxerre, Monaco impressionne. Porato, qui remplace Barthez suspendu pour dopage, arrête même un penalty de Guivarc'h qui pouvait permettre à l'AJA d'égaliser à 1-1. Guy Roux invoque un « scénario de cauchemar », mais c'est une très grande équipe de Monaco qui ferme ce jour-là aux Auxerrois la porte du... triplé. Metz, dans tout ça ? 2-0 contre Lille, avec un doublé de Mboma.

14 000 Messins au Parc : la « petite » Coupe de la Ligue est déjà adulte.

Et, en quarts de finale, un succès identique à Niort grâce à une défense en acier trempé. La routine, quoi. Le héros de ces quarts de finale ? Encore et toujours Guingamp ! Cette fois, les Bretons coulent l'OM à petit feu, malgré un super Alonzo (1-0, but de Coridon à la… 89e). « On est aux anges ! » lance Gravelaine.

Avec Guingamp, Monaco fait figure d'épouvantail. Invaincu depuis plus de deux mois et déclaré « injouable » par tous ses adversaires, le onze de la Principauté se rend à Lyon sans une demi-douzaine de blessés et joue à dix la dernière demi-heure, après l'expulsion de Dumas. Il domine quand même copieusement l'OL, mais se fait contrer par Maurice (78e), lequel adresse un geste revanchard au public de Gerland qui le siffle depuis quelques matchs. Cette Coupe de la Ligue représente la dernière chance européenne des Lyonnais, catastrophiques en championnat. Ils respirent. Et ils annoncent qu'ils vont tout faire pour la remporter.

En demi-finales contre Cannes, qui a vécu jusque-là une superbe aventure en s'appuyant sur un commando de gamins, c'est encore laborieux pour l'OL, mais ça passe (1-0). Giuly marque d'entrée (8e) et Olmeta tient la baraque. Lyon atteint une finale de Coupe pour la première fois depuis vingt ans !

L'autre demi-finale marque le premier coup d'éclat des Messins, qui s'imposent à Guingamp (2-1) sur la fraîcheur physique, leurs trois derniers matchs de championnat ayant été reportés. Pirès dessine un but somptueux, une frappe sans angle qui plonge dans la lucarne opposée (33e), Gravelaine égalise à l'énergie (41e), mais le petit Pouget mange le gros loup (83e). La belle aventure de l'En-Avant se termine en queue de poisson.

C'est donc une finale inédite entre Metz et Lyon qui attire quelque 15 000 supporters des deux villes au Parc des Princes, le samedi de Pâques. Pas mal pour la Coupe de Noël ! Si les Messins restent en course pour le titre, les Lyonnais sont au pied du mur européen. « On joue l'avenir du club », prévient le président Aulas, qui situe l'enjeu financier de ce simple match à 25 MF et fixe la prime par joueur à 125 000 F. Plus que jamais, Olmeta remonte ses troupes : « Bon d'accord, on ne brille pas en championnat cette saison, puisqu'on est douzièmes. Mais on a battu deux fois la Lazio, on a perdu contre Nottingham sur un penalty et on n'a connu que deux fois la défaite depuis quatre mois, contre Paris et Auxerre. C'est clair : il est interdit de perdre cette finale ! Il faudra faire preuve d'une très grosse agressivité, quitte à mettre les crampons en avant, quitte à finir à huit ou neuf ! »

Ça fait froid dans le dos. Et ça débouche sur une toute petite finale, la première en France sans le moindre but. De ces deux heures de combat farouche et indécis, dont Lyon aurait dû sortir vainqueur dans le temps réglementaire, seules les dernières minutes resteront dans les mémoires, avec un but refusé à Roy (118e) pour un pied levé devant Kastendeuch que sanctionne M. Batta. « C'est le Gilbert Montagné du football, à croire qu'il est aveugle ! » s'emporte Olmeta. Les Messins, eux, se contentent de vaincre lors de la séance des tirs au but, « arbitrairement » attribuée au côté Auteuil, celui des fans lorrains. Une statistique révèle que M. Batta a dirigé dix fois les Lyonnais depuis trois ans et qu'ils n'ont jamais gagné ; à l'inverse, il a arbitré sept fois les Messins depuis quatre ans et ils n'ont jamais perdu…

Roche et Kastendeuch ratent leurs tentatives. Songo'o repousse celle de Marcelo. Enfin Pouget, qui ne devait pas tirer, expédie la Lorraine au paradis (5-4).

Embrassades, deuxième chenille de la saison malgré les interdictions, remise de la coupe et tour d'honneur. Metz enlève la Coupe de la Ligue dans une liesse populaire qui se prolongera au cœur de la nuit à Saint-Symphorien, avec un insolite tour de stade effectué par Pirès au volant de son cabriolet, le trophée à bout de bras !

« En cas de victoire, j'avais promis d'apprendre les paroles de *La Marseillaise*, me voilà dans de beaux draps… » rigole le Camerounais Song, qui a mangé Maurice. « Si un jour je pars, il restera tout de même quelque chose de mon passage », confie Muller, entraîneur depuis sept ans et pour encore au moins soixante-dix-sept ans. En attendant d'autres récompenses, le FC Metz mérite cette consécration. Pour sa superbe saison davantage que pour sa finale ultradéfensive. Pour la sagesse de sa gestion et la patience de ses dirigeants. Pour son admirable travail de formation qui a permis de sortir, notamment, les « PP flingueurs » Pirès-Pouget. Pour sa politique de relance des anonymes du football français comme Arpinon, Blanchard, Adam ou Mboma. Pour le recrutement maison de son staff technique où l'on retrouve, derrière Muller, les anciens Cartier, Hinschberger et Zénier. Pour la bonne image, tout simplement, qu'il donne du football français. A eux deux, Metz et Auxerre ont tout gagné cette année en France. C'est rafraîchissant.

Tir au but réussi pour Olmeta mais objectif manqué pour Lyon.

La célèbre chenille inventée par les Messins et conduite ici par Song.

Auxerre premier prix

Laslandes célèbre le doublé auxerrois.

Un championnat bouleversant, des Coupes d'Europe réjouissantes, des Coupes nationales étonnantes, de l'émotion en pagaille et un nouveau premier de la classe, véritable autodidacte parvenu au sommet à force de travail, de patience, de talent, de modestie. Quelle saison! Pour son doublé, Auxerre mérite bien de devancer le Paris SG, pourtant vainqueur de la Coupe des Coupes, mais tellement décevant par ailleurs. Pour sa médiocrité, Saint-Étienne mérite largement le bonnet d'âne.

Voici donc le carnet de notes annuel, avec en préambule un petit mot d'espoir de chaque entraîneur, prononcé au moment où la saison démarrait.

18,5/20: Auxerre

Guy Roux: « Comme d'habitude, notre premier objectif sera de nous "qualifier" pour notre dix-septième saison consécutive en D1, d'aller le plus loin possible dans les trois épreuves de Coupes et d'accrocher une dixième participation en Coupe d'Europe. »

Un vrai triomphe! Un doublé est un exploit phénoménal pour une ville d'à peine 50000 habitants. Guy Roux est passé par là. Il a bâti une équipe pleine de talent, parfaitement équilibrée, et mentalement très solide. Résultat: Auxerre a remporté la Coupe après avoir éliminé le PSG et a fait craquer les Parisiens en championnat. Tout au plus peut-on regretter l'élimination prématurée en C3 face à Nottingham. Une première place avec les félicitations du jury.

17/20: Paris SG

Luis Fernandez: « Le club a consenti de gros investissements. Il est impératif de tenir nos objectifs et notamment de gagner le championnat. »

Le PSG est le deuxième club français à conquérir une Coupe d'Europe. Mais cet exploit, réalisé dans la douleur d'une fin de saison agitée, ne peut pas masquer les incroyables dérapages, dans les autres compétitions, d'une formation qui s'appuyait pourtant sur un formidable effectif. Avec 7 points d'avance à mi-parcours, le titre de champion semblait assuré. La deuxième partie de la saison fut un calvaire et un désenchantement absolu. Le PSG y a laissé sa Coupe de France, sa Coupe de la Ligue et a raté le titre. Décidément, s'il n'y avait pas eu cette C2, qui lui vaut la moitié de sa note, quelle année noire c'eût été!

16/20: Metz

Joël Muller: « Nous voulons faire aussi bien, mieux même, que l'an passé, c'est-à-dire huitième du championnat et demi-finaliste de la Coupe. Mon effectif est très jeune, d'où mes légitimes interrogations. »

Chacun devant être jugé à l'aune de ses moyens, Metz mérite vraiment cette place sur le podium. Longtemps en tête d'un championnat qu'ils ont fini quatrièmes, les Lorrains ont fait souffler un vent de fraîcheur. Leur victoire en Coupe de la Ligue est une magnifique récompense. Le petit coup de « moins bien » de la fin de l'automne abîme à peine ce bilan remarquable.

14,5/20: Lens

Patrice Bergues: « J'espère qu'on terminera le championnat dans le premier tiers du classement. Par ailleurs, on doit faire mieux en Coupe de France et en Coupe de la Ligue. »

L'objectif est atteint en championnat avec une belle cinquième place qualificative pour la C3. Porté par son exceptionnel public, Lens a parfaitement tenu son rang. Certes, dans les deux Coupes les

Nordistes ont chuté d'emblée, mais à Monaco côté Ligue et à Auxerre côté France, ce qui atténue la portée de l'échec. A signaler un bon parcours européen en C3, interrompu en huitième de finale par Prague, futur demi-finaliste.

13/20 : Monaco et Guingamp

Jean Tigana : « Nous chercherons avant tout à nous qualifier pour une Coupe d'Europe, ce qui est dans nos cordes. Mais ce qui m'intéresse, c'est de faire progresser le groupe. »

Francis Smerecki : « Je veux qu'on montre qu'on n'est pas là par hasard, ni pour faire un petit tour et puis s'en vont. Nous abordons la D1 sans expérience, mais nous ne serons pas gênés outre mesure. »

Bien sûr, Monaco a obtenu sa qualification européenne. Mais que d'errances pour en arriver là, que de mois difficiles pour Jean Tigana, malgré la qualité de l'effectif et d'énormes moyens ! Sorti par Lille en huitième de finale de la Coupe de France, par Lyon en quart de finale de la Coupe de la Ligue et par Leeds d'entrée de jeu en C3, Monaco, qui a fini le championnat en force, doit faire beaucoup mieux.

Guingamp est la révélation de la saison. Monté en deux ans de la Nationale 1 à la D1, le petit club breton a immédiatement imposé sa griffe à notre football. Neuvième d'un championnat dans lequel il a évolué en permanence tout juste derrière les gros bras, demi-finaliste de la Coupe de la Ligue, Guingamp a en outre toujours respecté l'esprit du jeu.

12,5/20 : Montpellier

Michel Mézy : « On vise le maintien tout en étant ambitieux pour grappiller quelque chose. N'ayons pas les yeux plus gros que le ventre. »

Ce programme minimaliste a été largement dépassé. La jeune équipe montpelliéraine a toujours figuré dans les dix premiers, « grappillant » au bout du

Sonny Anderson meilleur buteur du championnat.

Montpellier et Martini décrochent l'Europe.

compte une sixième place finalement qualificative pour la C3. Et elle a manqué d'un rien la finale de la Coupe en s'inclinant à Nîmes, où d'autres se sont cassé les dents. Cela reste pourtant son gros regret de la saison.

12/20 : Nantes et Rennes

Jean-Claude Suaudeau : « On a été champions, mais on ne l'est plus. Nantes a été une surprise, rien ne dit que ce ne sera pas Auxerre demain ! C'est une autre saison à partir d'aujourd'hui. Mon équipe est moins équilibrée, alors décrocher une place européenne, ce serait déjà bien. »

Michel Le Milinaire : « Notre équipe joue encore le maintien, mais elle le fera avec moins d'inquiétude que les autres années. »

Les Canaris avaient survolé d'éblouissante façon la saison 1994-95. Avec un effectif affaibli par les départs et les blessures, ils n'ont jamais été en mesure de conserver leur titre, terminant à 5 points

Fiasco national pour Bordeaux et Zidane.

de la dernière place qualificative pour l'Europe. Ils ont en outre été éliminés d'entrée par Monaco en Coupe de France, et dès leur deuxième match par Guingamp en Coupe de la Ligue. A leur crédit, un excellent parcours européen qui les a conduits pour la première fois de leur histoire en demi-finale de la C1, où ils sont tombés avec les honneurs devant la Juventus.

Quant au voisin rennais, il a connu tellement peu d'inquiétude pour se maintenir qu'il s'est même qualifié pour la Coupe Intertoto. Michel Le Milinaire, qui effectuait sa dernière saison comme entraîneur, n'a pas manqué sa sortie.

Si les éliminations en Coupe de France, par Nancy dès les trente-deuxièmes de finale, et de la Coupe de la Ligue, par Le Havre en huitième, ne sont pas reluisantes, Rennes a en tout cas prouvé que l'époque du yo-yo entre D1 et D2 était révolue.

11/20 : Bordeaux

Slavo Muslin : « Je compte figurer dans les quatre ou cinq premiers du championnat. Cela me paraît tout à fait raisonnable. Je dispose d'un groupe décidé à prendre du plaisir. »

Quelle difficulté au moment de noter les Bordelais, fantastiques en Coupe d'Europe de l'UEFA où ils ont atteint la finale, après être sortis indemnes de l'Intertoto, mais si décevants dans les compétitions nationales. Encore heureux que les Girondins, sans cesse dévorés par des problèmes internes, aient évité la descente qui les avait longtemps menacés.

A ce sinistre championnat, il faut ajouter les éliminations prématurées contre Toulon et Saint-Étienne dans les Coupes nationales. Pour l'Europe, rien que pour elle, Bordeaux nous semble mériter quand même une petite moyenne.

10/20 : Strasbourg et Cannes

Jacky Duguépéroux : « Il faut que le groupe soit solidaire et à l'abri des problèmes. Si nous y parvenons, nous pouvons viser une place dans les six premiers. »

Safet Susic : « Il faut être réaliste. Je crois qu'on assurera le maintien en Première Division. Mais il ne faut pas espérer beaucoup plus haut. »

Après s'être extirpé des méandres de l'Intertoto et effectué une C3 méritoire que Milan a interrompue en huitième de finale, Strasbourg n'a jamais pu s'extraire du ventre mou d'un championnat qu'il a fini dixième. Éliminés par Nîmes en quart de finale de la Coupe de France et par Amiens en seizième de finale de la Coupe de la Ligue, les Alsaciens ont donc effectué la plus moyenne des saisons, ce qui leur vaut la plus moyenne des notes.

A Cannes, le programme établi par Susic a été mieux que respecté par son successeur Guy Lacombe. Derniers à la fin des matchs aller avec 13 points seulement, les Azuréens terminent douzièmes avec 44 points. Ce parcours retour remarquable, agrémenté d'une demi-finale de la Coupe de la Ligue, vaut bien la moyenne.

9/20 : Bastia et Le Havre

Frédéric Antonetti : « L'an passé, nous avions fini quinzièmes. Il faudrait faire mieux. Je suis plein d'espoir. »

Guy David : « La saison dernière, on a fini douzièmes. Alors, il faudra simplement essayer de faire un peu mieux. »

Après un départ tonitruant, Bastia s'est enfoncé peu à peu dans le classement, pour terminer treizième. C'est mieux, mais à peine, que la saison précédente.

Et dans les deux Coupes, les Corses n'ont pas passé un seul tour, butant sur Blénod (Nationale 3) et Le Havre. Des résultats extrêmement médiocres que des conditions de travail et un contexte financier difficiles ne suffisent pas à justifier.

Les Normands ont perdu deux places par rapport à l'année précédente, finissant quatorzièmes du championnat. Eux aussi se sont laissé croquer par Blénod en

Coupe de France. Des résultats inférieurs aux espérances et une note inférieure à la moyenne à l'arrivée.

8,5/20 : Gueugnon

Roland Gransart : « On ne vient pas en D1 pour vivre une aventure et faire la tournée des grands stades avant de retourner en D2. On a vraiment envie d'y rester. »

Le petit dernier et le moins riche des membres de l'élite a lutté courageusement jusqu'au bout. Avec un effectif limité, il s'est classé dix-huitième, payant cher une inexpérience qui lui a coûté de nombreux points dans les dernières minutes de jeu. Éliminés par des équipes de Seconde Division (Valence et Niort) dans les deux Coupes, les Forgerons retrouvent en fait leur véritable niveau, après un bref passage dans une Première Division qu'ils n'ont pas déshonorée.

8/20 : Nice

Albert Emon : « S'il faut fixer un objectif concret, alors je ne peux décemment pas envisager autre chose que le maintien. »

Contrat modeste et rempli pour Nice qui a vogué en permanence aux alentours de la douzième place pour lâcher du lest en fin de saison et finir quinzième. Sortis en seizième de finale des deux Coupes par Monaco et Laval, les Aiglons ont effectué la saison médiocre qu'ils craignaient, dans un contexte financier extrêmement précaire. Nice semble condamné à évoluer dans la douleur et la difficulté.

7/20 : Lille

Jean Fernandez : « Nous allons nous efforcer d'obtenir mieux au classement que la quatorzième place obtenue en mai 1995, et aussi d'être meilleurs dans le jeu. »

Encore raté ! Le rapide remplacement de Fernandez par le néophyte Cavalli n'a rien changé. Comme d'habitude, Lille a galéré et n'a offert qu'un piètre spectacle.

Sauvetage réussi pour Cannes, malgré le départ de Vieira à Milan en cours de saison.

Longtemps en position de relégables, les Nordistes ont tout de même sauvé leur peau en finissant dix-septièmes. Ils auraient pu améliorer l'ordinaire s'ils s'étaient imposés à Marseille en quart de finale de la Coupe de France, après avoir sorti Monaco. Ayant négligé cette chance, ils laissent le souvenir d'une médiocrité d'ensemble.

5/20 : Martigues

René Exbrayat : « Avec nos moyens, j'espère qu'on se maintiendra sans se faire peur. Faire aussi bien que onzièmes, comme l'an dernier, serait un exploit. »

Martigues n'a donc pas confirmé sa première année en D1. Les Provençaux n'ont jamais véritablement été en position de se maintenir, héritant dès le début des matchs retour d'une lanterne rouge qu'ils n'allaient plus jamais abandonner. Toujours à leur débit, une élimination à Thouars (Nationale 1) en Coupe de France. La vraie question est celle-ci : Martigues est-il vraiment fait pour la Première Division ?

3/20 : Saint-Étienne

Élie Baup : « Je ne veux pas fixer de limites en prétendant que nous ne visons que le maintien. Peut-être sommes-nous capables de viser plus haut. »

Quel gâchis ! Quel échec ! Quelle chute ! L'arrivée de Maxime Bossis comme directeur sportif et du grand ancien Dominique Bathenay comme entraîneur, en cours de saison, n'ont rien changé. Déjà dix-huitième en mai 1995 et sauvé de la sanction frappant l'OM, Saint-Étienne s'est bel et bien noyé au bout d'un championnat désolant de faiblesse. Une issue qui attriste ceux qui l'ont tant aimé. Maintenant, il s'agit de recoller ces Verts brisés.

Ce ne sera pas facile.

Les barjots de Marseille

Après avoir fait monter l'OM en D1, Casari et Dib ont rejoint Gili à la direction du club.

« L'OM est en D1 ! » hurle le speaker du Stade Vélodrome en suppliant la foule de ne pas envahir le terrain. Une minute plus tard, la pelouse est noire de monde… Une marée humaine en délire submerge Marcel Dib, torse nu, et emporte sa bande vers un tour d'honneur mémorable. Le public le plus foot mais aussi le plus fou de France chavire d'un bonheur enfin retrouvé.

Oui, l'Olympique de Marseille remonte officiellement en Division 1 ce 17 mai 1996, au soir d'une ultime victoire sur Sochaux (4-1), deux ans après la juste mais insupportable rétrogradation prononcée par la DNCG dans l'affaire VA-OM.

Les héros se nomment toujours Casoni et Durand, champions d'Europe en 1993, mais aussi Dib-le-Dieu, Cascarino-le-bourreau, Ferrer-le-grand-frère et Ferreri-le-gentil.

Quand ils finissent par s'extraire de ce magma délicieux, ces ivrognes du plaisir disjonctent encore. Un à un, ils passent sous la tondeuse d'un coiffeur improvisé, le gardien remplaçant Thomas Videau. Ce geste spontané inspire à l'homme le plus calme du football français, leur entraîneur Gérard Gili, ce commentaire : « C'est pour qu'on ne les appelle plus les minots, mais les barjots de l'OM. »

Les barjots naissent rasés. Comme les bébés. Et des bébés, il n'en manque pas dans cette équipe tout feu tout flamme : Marquet-le-surdoué, 22 ans, meilleur joueur de l'effectif ; Libbra-la-baraka, 24 ans, artiste buteur ; Echouafni-la-fourmi, 21 ans, infatigable travailleur découvert par Gili ; Jambay-le-fêlé, 21 ans, idole des quartiers nord où il a grandi, Asuar-le-chauffard, 19 ans, conducteur du jeu à haut risque et grande technique ; Alonzo-bistrot, 24 ans, qui revendique comme modèle l'Espagnol Arconada « pour son élégance et surtout pour ses déboires en finale de l'Euro 84, qui résument toute la difficulté d'une carrière de gardien ». Les progrès de l'ancien Niçois cette saison sont sidérants et symboliques de la résurrection marseillaise : « Je pense à tous les idiots qui ont dit que Casoni était trop vieux, que Cascarino ne marquait plus ou qu'Alonzo était une passoire... » rigole-t-il.

Vieux et jeunes, stars et anonymes, bons et moins bons, ils ont tous réussi un incroyable exploit. Car cet OM-là n'aurait jamais dû finir deuxième du championnat de D2. Car cet OM-là a traversé les pires tempêtes. Au commencement de la saison, il a été sauvé d'une nouvelle rétrogradation, cette fois en N1, par une rallonge de 20 MF débloquée in extremis en mairie. C'était l'une des promesses électorales de la droite, qui vient de conquérir la municipalité après quarante-deux ans de gestion socialiste. Mais posséder le septième ou huitième budget de France ne sert pas à grand-chose quand le club est décimé par les blessures, que les premiers résultats sont catastrophiques et que le public se met en grève...

Dix-septième après quatre journées, l'OM vacille et son entraîneur tombe. C'est le cinquième changement de direction technique en un peu plus d'un an. Fin août, au lendemain d'une défaite contre Caen (0-2) qui caracole avec déjà 9 points d'avance, Henri Stambouli cède son poste à Gérard Gili.

Bernard Casoni, qui parlait un mois plus tôt de se retirer, raconte qu' « au début de la saison, alors qu'on venait d'être champions de D2, on ne s'est pas assez remis en question. Moi compris. Le changement d'entraîneur a été déterminant. Avec Gérard, les jeunes se sont remis au travail. Ils ont saisi qu'on ne peut avancer qu'en pensant à 100 % au football ». Et Marcel Dib explique : « Gérard a compris que, sans l'avis des quatre "vieux" – Durand, Cascarino, Casoni et moi –, c'était mission impossible. Intelligemment, il nous a consultés, ce que ne faisait pas Stambouli. Franchement, Gili avait une chance sur mille de gagner son pari. Faire monter l'OM cette saison, ça relevait du miracle. » Il faudra pourtant plusieurs mois pour remettre les vieux en confiance et les jeunes en question. Quatre semaines après le grand retour de Gili, l'OM touche même le fond à Nancy (0-2) et dégringole à la quatorzième place, à 13 points de Caen et seulement 3 de... la relégation. « En D2, c'est sur la volonté que se fait la différence, et mes joueurs savent qu'ils jouent pour la postérité », répète le nouveau patron. Une belle obstination qui finit par payer. Le 18 novembre, l'OM bat Charleville (4-0) et pointe son maillot blanc à la cinquième place. « Nous sommes en progrès et, avec notre niveau de jeu d'aujourd'hui, nous sommes incontestablement un candidat à la montée », annonce Gili. Il doit patienter jusqu'au 17 février 1996 et une courte victoire contre Caen (1-0) devant 40 000 supporters pour que Marseille prenne enfin la tête du championnat. « Maintenant, ce sera dur de nous rattraper », lâche Dib avec rage. Les Caennais y parviendront sur le fil, profitant de la lassitude mentale d'une équipe exténuée par son retour supersonique et par une demi-finale de Coupe de France « à la mort » contre Auxerre, perdue aux tirs au but.

Ferreri témoin de l'aventure.

L'OM est deuxième. Mais l'OM est en D1 !

Alors Echouafni peut s'exclamer : « C'est inoubliable, on pourra dire qu'on faisait partie de l'équipe qui a sauvé le club. » Alors Libbra parle d' « une énorme émotion ». Alors Gili peut triompher : « J'ai conscience d'avoir transformé quelque chose par rapport à la situation antérieure. Je ne vais pas jouer le faux modeste, je ne suis pas pour rien dans la réussite de l'OM. »

Alors le football français peut lui dire, ainsi qu'à ses barjots, un grand bravo.

Le stade Pershing, dans le bois de Vincennes, a été jugé trop vétuste pour accueillir les Jeux de 1924. Il n'avait que cinq ans!

Le 8 juin 1996, les travaux du Stade de France sont déjà bien avancés.

Une vie pour aller à Saint-Denis

Lorsque la commission chargée de trouver un nom au « Grand Stade », sis à Saint-Denis, accoucha de ce « Stade de France » qui avait la préférence indispensable de Michel Platini, il lui fut reproché son manque d'originalité, son absence de lyrisme, voire de culture, ce qui dut faire bouillir Bernard Pivot, un de ses membres éminents.

Culturel, on aurait pu l'appeler stade de l'Arlésienne, en souvenir de ce personnage de Daudet et de Bizet, dont on parle sans cesse sans jamais le voir. Caustique, on aurait pu choisir le stade des Antiques promesses. Impatient, on aurait aimé le stade de la Saint-Glinglin. Zoologiste, on aurait voté pour le stade du Serpent de mer. Moraliste, on aurait opté pour le stade de la Patience enfin récompensée.

Car, depuis plus d'un demi-siècle, la France sportive avait fini par ne plus croire les discours en forme de promesses de tant de grands hommes qui, de Georges Clemenceau à Jacques Chirac, y étaient allés de leurs effets de menton sur le refrain: « La France doit montrer au monde ce qu'elle est capable de faire, en sport comme dans tous les domaines. »

L'histoire du Grand Stade appartient à ces épisodes comico-désolants de la politique du sport de la France de toutes nos Républiques du XXe siècle. Elle commence en fait au lendemain de la Première Guerre mondiale, lorsque, la paix enfin revenue, les grands de ce monde claironnèrent très fort, très haut, très vite, que le sport devait à tout jamais remplacer la guerre comme compétition des nations.

Les hommes d'État français n'étaient pas les derniers à entonner ce refrain à la mode et à lancer les déclarations de principe: dès 1919, alors que le Comité olympique français venait quémander à l'État une subvention pour préparer les Jeux d'Anvers de l'année suivante, le glorieux Georges Clemenceau, président du Conseil, estima nécessaire de poser la candidature de Paris à l'organisation des Jeux de 1924.

Son successeur, Alexandre Millerand, poussa également à la roue, insista auprès de Pierre de Coubertin pour que le Comité international olympique désigne Paris, ce qui fut acquis en juin 1921. Nous en étions aux intentions et, dans cette discipline, la France était déjà championne olympique: que de beaux discours sur la France, victorieuse hier sur le champ de bataille, demain sur le champ de jeu! Que de superbes envolées sur notre influence morale dans le monde!...

Mais bientôt, les choses se gâtèrent quand il fut question de crédits, de préparation des Jeux, et, forcément, d'un stade pour les accueillir. A l'été 1921 naît le fameux mythe du stade de 100 000 places, réclamé par les dirigeants sportifs. L'idée est belle. Elle semble correspondre aux belles intentions de nos chefs, drapés dans la grandeur de la France, mais aussi empêtrés dans les plis de la politique. Bien sûr, un stade de 100 000 places, cela marquerait les esprits. Oui, mais... ça va coûter cher et, en ces lendemains de guerre, il y a d'autres priorités. Oui, mais... à Paris, on ne voit vraiment pas d'endroit pour l'accueillir. Oui, mais... les différents ministères concernés se renvoient le bébé et les crédits qui doivent l'emmailloter.

Oui, mais quoi? s'impatientent les dirigeants sportifs, la France et Paris tiennent-ils tant que cela à organiser ces Jeux et à construire ce stade qui doit faire notre fierté? Les mois passent.

Le préfet de Paris pense à un emplacement, soit dans le bois de Vincennes, lequel a ses protecteurs, écologistes avant l'heure, soit au Parc des Princes, terrain sur lequel le ministère de l'Agriculture a une option. Or la France est encore un pays rural. Ses hommes des campagnes n'ont pas été les derniers à verser leur sang pour la patrie et la défense de la terre de leurs ancêtres.

Donner des millions de francs pour construire dans la capitale un stade où vont s'ébattre de jeunes gens en culotte courte, la France profonde appelle cela gâcher. La France du sport, elle, ronchonne. Le journal *L'Auto*, ancêtre de *L'Équipe*, n'y tient plus : « L'indécision officielle dans la question des jeux Olympiques est la risée du monde entier », titre-t-il en janvier 1922. Les Jeux auront lieu, mais à moindre frais. Des 40 millions de francs évoqués au début de l'opération, on en sera réduit à 1 million voté par le conseil municipal de Paris. Alors, vous pensez, plus question de stade de 100 000 places !

D'ailleurs, fait-on maintenant remarquer, il est encore très bien, le stade Pershing. Situé dans le bois de Vincennes, ce stade avait été construit à la va-vite par les Américains au lendemain de la guerre, pour accueillir un grand rassemblement sportif des pays victorieux : les jeux Interalliés. C'est à Pershing, par exemple, que se déroulent les finales de Coupe de France et les grands matchs internationaux. C'est là que l'équipe de France bat pour la première fois les amateurs anglais, le 5 mai 1921, le jour du centenaire de la mort de Napoléon Ier. Seulement, ceux qui trouvent Pershing très satisfaisant pour les Jeux n'y sont pas allés voir de très près. En trois ans, faute d'entretien, l'édifice a déjà pris un sale coup de vieux : impossible de montrer au monde la grandeur de la France dans un stade construit par Oncle Sam et déjà en ruine… Alors, que faire ?

Les projets de stade neuf étant rangés dans les cartons (on peut encore consulter certains documents sur la question aux archives de la Ville de Paris), reste la solution privée et le rafistolage de ce qui existe. C'est ainsi que les Jeux de 1924 auront lieu dans le stade du Racing Club de France, ce cher Colombes remis à neuf et dont la contenance est portée à 40 000 places environ. A la même époque, il n'aura fallu que quelques mois aux Anglais pour construire leur fier Empire Stadium de Wembley, fort de 126 500 places !

En France, le serpent est assoupi. Il se réveille une dizaine d'années plus tard, quand la France est désignée pour organiser la troisième Coupe du monde. Les pays hôtes des deux premières compétitions ont placé la barre très haut, en ce qui concerne les infrastructures : en 1930, la petite république d'Uruguay a construit l'énorme stade du Centenaire en quelques mois. Certes, il est à peine terminé au début de la Coupe, mais il a fière allure. En 1934, tout le régime mussolinien s'est mobilisé pour couvrir l'Italie de stades flambant neuf et tout à la gloire du Duce.

Alors, la France ? Eh bien, la France, comme pour les Jeux de 1924, va musarder en route. En ces temps de crise économique, de chômage, de montée du péril hitlérien, se lancer dans l'opération Grand Stade ne serait pas du meilleur effet. Et puis, depuis 1936, le gouvernement de Front Populaire veut une grande politique sportive, certes, mais il est hostile à la version spectaculaire du sport, considérée comme une perversion de la culture du corps. Sport pour tous, oui, mais non au sport-spectacle, sport-fric, sport capitaliste.

La société du Grand Stade de Paris, les projets de stade à Passy, l'idée de stade-arène de spectacle-cinéma-salle de meeting imaginée par Le Corbusier, tout cela se heurtera à la sentence de Léo Lagrange, responsable des sports dans les gouvernements de l'époque, et dont tant de stades portent aujourd'hui le nom : « Je considère comme une hérésie monstrueuse la création d'un stade à l'intérieur de Paris. »

Ce sont deux conceptions du sport qui s'opposent, dans la fièvre idéologique de l'époque. Il sera facile d'évacuer le Grand Stade au nom des grands principes du sport pur et démocratique. Pour la Coupe du monde 1938, nous retournerons donc à Colombes, une nouvelle fois agrandi (65 000 places) et déjà en retard par rapport aux grandes arènes construites partout dans le monde, de Los Angeles l'impérialiste à Moscou la communiste.

Après la Seconde Guerre mondiale, le sujet du grand stade réapparaît parfois. La France continue de prendre du retard par rapport à l'étranger. Avec les années 80 et les projets de jeux Olympiques à Paris, puis de Coupe du monde, on en reparle encore, et l'on a les pires craintes quand, la France étant désignée pour 1998, le projet, remis au goût du jour, navigue de gauche à droite, de Rocard à Balladur, de Melun-Sénart à Saint-Denis, en passant par Vincennes et Nanterre. On a les pires craintes en voyant ressurgir tant de vieux arguments qui, jadis, avaient eu raison des projets de l'époque : pour ne pas vouloir d'un stade grandiose, il y a toujours de bonnes raisons, toujours d'autres priorités, toujours le sport-spectacle qui a bon dos.

Il y a moins de trois ans, l'histoire paraissait se répéter. On se voyait repartis pour un tour à Colombes. On nous avait si souvent fait le coup. Il faut bien l'avouer, pour y croire vraiment, il a fallu voir les premières grues arriver à Saint-Denis, les premiers camions charrier leurs premiers quintaux de terre au parfum d'hydrocarbures, le paysage se transformer sur les rives du canal Saint-Denis.

Alors, aujourd'hui que le Stade de France commence à ressembler à un stade, on se dit qu'on ne pourra plus revenir en arrière, et qu'une allée ou une tribune pourrait bien s'appeler Frantz Reichel, du nom de ce dirigeant qui réclamait ce Grand Stade, pendant l'été de 1921. Il a juste fallu patienter une vie d'homme pour le voir sortir de terre.

A trois minutes près

Conquérir l'Euro anglais. L'équipe de France connaît son programme par cœur. Il est simple dans son énoncé, plus compliqué à réaliser. Surtout pour une formation sortie chancelante d'une saison 94-95 difficile, en dépit d'un joli succès final contre la Slovaquie.

Le mois de juillet bat encore son plein quand Jacquet débarque à Oslo avec sa troupe pour affronter la Norvège en match amical. Il n'y a pas de temps à perdre. Un important France-Pologne se profile à l'horizon du mois d'août, le 17 très exactement.

La première journée du championnat naissant vient seulement de se dérouler. Le sélectionneur confesse « quelques problèmes ». Privés de Bleus de l'étranger, il proclame : « Contre la Pologne ne seront retenus que les joueurs en forme. » En attendant, Dugarry et Ouédec blessés sont forfaits, tout comme Ferri et N'Gotty. Au dernier moment, c'est Loko qui fait défaut. Victime d'une très grosse défaillance psychologique, il a été placé en garde à vue puis mis en examen. Du coup, l'avion des Bleus a dû patienter pour attendre l'Auxerrois Cocard, qui deux heures plus tôt se prélassait encore au bord de sa piscine.

Appelé de la toute dernière heure, Cocard se retrouve titulaire comme unique attaquant. Le Monégasque Thuram joue arrière droit, le Nantais Makélélé milieu de terrain. Djorkaeff est sur le banc. Nul

Djorkaeff sauveur des Bleus.

ne se doute encore qu'un véritable destin national attend le néo-Parisien.

Avec une équipe comportant huit types évoluant dans le championnat anglais, la Norvège n'a pas trop de mal à contrôler cette France-là. Le match, sans grand intérêt, débouche sur un 0-0 des familles. Makelélé a raté deux belles occasions. « Je me suis un peu précipité », dira-t-il. Pour le reste…

Le gardien Erik Thortsved est lucide : « Ce fut une partie ennuyeuse. J'ai l'impression que personne n'avait envie de la jouer. » Jacquet positive : « On reste invaincus ; c'est toujours bon pour la confiance. »

Le 2 août, le sélectionneur supervise la Pologne, défaite par l'équipe allemande de Düsseldorf 3-1. « Je ne crains pas cette équipe », conclut-il. Il faut dire que les Polonais n'ont pas encore repris leur championnat et qu'ils sont à court de forme.

Les craintes de Jacquet viennent plutôt de sa propre formation. Roche et Blanc, blessés, sont forfaits. La charnière centrale des Bleus est à reconstruire. « C'est un vrai coup dur, mais j'ai des solutions de remplacement qui tiennent la route », dit Jacquet, qui ajoute : « Il nous faut les 3 points de la victoire. Si nous faisons match nul, nous ne sommes plus maîtres de notre destin. Si nous perdons, nous sommes à la rue. » Perturbé par sa défense, Jacquet l'est aussi par son attaque : « Personne n'a encore remplacé Papin et Cantona. En dehors de Loko, les autres n'ont pas encore franchi le cap nécessaire… » Mais rien n'entame son optimisme : « Pour moi c'est clair : on va aller en Angleterre. Si nous gardons l'état d'esprit de France-Slovaquie, il n'y a aucune raison de ne pas battre la Pologne. »

Pour y parvenir, la charnière défensive est composée de Thuram et du Strasbourgeois Lebœuf, titularisé pour la première fois. Devant, Ginola est associé à Zidane et Dugarry. Désormais joueur de Newcastle, l'ex-Parisien est très remonté : « En Angleterre, je suis tranquille, peinard. Làbas au moins c'est clair : c'est David, il joue, point. Ici, on essaye de me casser les bonbons. »

Pour la première fois depuis un France-Bulgarie de sinistre mémoire, les Bleus re-

Ginola impuissant contre les Polonais.

Quand Lizarazu manque son penalty, la patrie est en danger.

trouvent le Parc des Princes. Un tantinet provocateur, le sélectionneur polonais Henryk Apostel déclare : « Je ne comprends pas pourquoi la France a pris cette décision. Après tout ce qui s'est passé, il faut du courage. Je suis ravi de jouer au Parc. »

Jacquet attend le dernier moment pour donner son équipe. La veille, encore dans l'incertitude sur son sort, Djorkaeff déclarait : « J'espère jouer. Mais, si on fait appel à moi en cours de match, il me faudra vite rentrer dans la partie. »

En foi de quoi Youri est sur le banc et les Polonais ouvrent le ban. A la 35e minute, Zidane perd un ballon dans le rond central. Le contre fuse. Juskoviak prend Lebœuf de vitesse et va battre Lama qui restait sur 800 minutes d'invincibilité.

Ce terrible coup du sort survient alors que la France, par Dugarry et Zidane, a mal achevé des actions bien amorcées. A partir de là, les Bleus vont pousser comme des fous, tandis que leurs adversaires, réduits à dix à la 56e minute après l'expulsion de Lapniski, campent sur leurs 18 mètres.

Commence alors le festival du gardien Wozniak, qui accomplit des miracles devant Zidane et Guérin. Les Bleus tirent dix-neuf fois dont douze dans le cadre, ils se créent huit occasions très nettes. La plus belle quand Zidane obtient un penalty (82e). Lizarazu le tire ; Wozniak repousse, Guérin reprend, Wozniak repousse encore. Cela ressemble à un maléfice. Pedros est rentré à la place de Ginola, Djorkaeff à celle de Lebœuf (70e). Les Bleus s'obstinent, parfois avec talent, mais sans réussite.

C'est finalement Djorkaeff qui les délivre. Son coup franc victorieux frappé de 25 mètres, à trois minutes de la fin, est un pur chef-d'œuvre. Qui lui donne voix au chapitre : « J'ai été déçu de ne pas débuter le match. Sur le but, je regarde le gardien. Il fait un pas sur sa gauche. Alors je change de stratégie. J'ai été lucide. Tout le monde connaît mes qualités. Tout le monde sait

Lebœuf signe deux des dix buts français contre l'Azerbaïdjan.

que je marque. Je ne vais pas me trimballer sous la tour Eiffel avec une banderole pour le rappeler. »

Jacquet pousse un énorme « ouf » de soulagement. A trois minutes près, sa tête roulait sans aucun doute dans le panier. C'est Youri qui l'a sauvée : « Ce fut une soirée très dure, reconnaît-il. On peut parler d'injustice. La Pologne n'a eu qu'une occasion. Je n'ai rien à reprocher à mes joueurs. S'il y a une malédiction contre nous, on la vaincra. Le plus dur commence. Je suis décidé à continuer et à me retrouver en Angleterre. Je suis persuadé qu'un jour l'équipe de France sera récompensée. » Bernard Lama tient le même discours : « Je suis persuadé que nous allons nous qualifier. »

Rayon de soleil dans l'eau froide, une étude très pointue d'un règlement très compliqué indique que la France sera obligatoirement qualifiée si elle remporte ses trois derniers matchs. Alors, au boulot.

Le premier pan de cette trilogie n'est pas le plus difficile à abattre. Jacquet repart au combat avec le même groupe, Di Meco prenant simplement la place de Le Guen : « L'équipe de France ne peut pas être bâtie au coup par coup et subir des transformations permanentes au gré de la forme et de la réussite des joueurs. J'ai confiance dans mon groupe. J'attends qu'il se révolte. » Le credo du sélectionneur est sans nuance. Il mourra ou vivra avec ses idées.

Pour sa part, il ne doute pas : « Le jeu que nous pratiquons est excellent. L'équipe est conquérante et capable de renverser des situations compromises. Nous nous qualifierons. Et si contre l'Azerbaïdjan nous avons la possibilité de réussir un gros score, on sera impitoyables. » Aussitôt dit, aussitôt fait. A Auxerre, l'association Zidane-Djorkaeff, titularisée pour la première fois, fait des ravages. Sous leur houlette, les Bleus marquent à dix reprises (dans l'ordre : Desailly, Djorkaeff, Guérin, Pedros, Lebœuf, Dugarry, Zidane, Lebœuf, Djorkaeff, Cocard). Dix-zéro ! Jamais une équipe de France n'avait fait aussi bien. La bande à Desailly, capitaine d'un soir, entre dans le livre des records.

« La France avance dans le bon sens, affirme Jacquet. J'ai hâte d'être à Bucarest. Quel match excitant pour un entraîneur ! Je n'ai pas intérêt à me tromper dans mes choix. J'aurai besoin de combattants. »

Dans le vestiaire du stade Abbé-Deschamps, la veillée d'armes a déjà commencé.

Zidane marque en force le troisième but des Bleus en Roumanie. Jouissif!

Djorkaeff encore décisif à Bucarest.

Une équipe est née

« L'heure n'est ni à la révolution, ni aux coups de poker. » Aimé Jacquet est ferme sur les prix à quelques jours du match décisif en Roumanie, appelé à sceller le sort de l'équipe de France.

A ceux qui souhaiteraient le retour sous le maillot bleu d'Éric Cantona, tout juste sorti d'une longue suspension de huit mois, le sélectionneur réplique : « C'est hors de question. Je veux des gars au top. »

Alors, en l'absence de Loko et de Ouédec convalescents, de Papin hors du coup, de Maurice suspendu, il sort de sa manche, plutôt qu'Éric-le-Rouge, le Monégasque Michaël Madar, qui n'en revient pas : « J'ai la tête qui tourne », lâche-t-il.

« On manque de vrais joueurs de pointe, de garçons capables d'aller dans la zone rouge. Madar en est un », explique Jacquet. Michaël a la cote. D'autant plus que, la veille du rassemblement de Clairefontaine, Pedros, victime d'une « sinusite-otite-bronchite », déclare forfait, suivi le lendemain par David Ginola, venu au rendez-vous des Bleus uniquement pour faire constater qu'une contracture l'oblige à repartir. « Eh bien voilà, soupire Jacquet. Mes deux gauchers de devant sont en l'air. Mais on va s'en sortir comme ça. On va préparer aux Roumains une petite surprise. »

Aucun des coups durs qui s'abattent sur lui ne parvient à ébranler un sélectionneur dont l'optimisme sans faille étonne et ravit : « Un match comme celui-là, c'est du gâteau pour un entraîneur. A la limite, le stage ne m'intéresse pas. J'ai envie de savoir ce qui va se passer au coup d'envoi », dit-il. N'empêche qu'il profite des derniers jours de préparation pour trouver des relais dans son groupe, parmi les plus chevronnés. Marcel Desailly le racontera une fois le match achevé : « Jacquet a réuni les anciens, Deschamps, Di Meco, Guérin et moi-même. Il nous a dit: "Je compte sur vous pour prendre en main certains jeunes ; pour leur faire comprendre avec délicatesse l'importance de la situation." »

Guérin-Karembeu-Deschamps, le trio magique.

Pour cet affrontement très particulier, Jacquet nomme Éric Di Meco capitaine d'un jour : « On me voit comme un guerrier, dit le défenseur monégasque, et ce match sera un combat. »

Parmi les joueurs, la méthode Coué est à l'honneur. « En Roumanie, on doit tous se dépasser, se sublimer. Et donc là, on va gagner », assène Karembeu, porte-parole de la troupe.

Côté roumain, on ne s'affole pas : « La France est une grande sélection, mais pas une grande équipe, persifle la star Gheorge Hagi. Nous, nous formons une grande équipe. Tout le monde connaît la qualité des Français. Mais quand vous les voyez sur le terrain, on a l'impression qu'ils ne savent pas quoi faire ensemble. On dirait des étrangers. »

La guerre des nerfs est à son paroxysme. « J'espère que tout le monde a bien compris l'importance de l'enjeu », assène encore Jacquet avant d'envoyer son équipe au front. Sans Madar, mais avec Christophe Dugarry en unique attaquant. Desailly joue derrière et c'est le très offensif milieu génois Karembeu qui renforce le milieu. Dans une ambiance très lourde et hostile, les Bleus, scandalisés par les sifflets qui ont accompagné la Marseillaise, prennent d'entrée les choses en main. Ils se sentent bien. « A l'échauffement, nous étions incroyablement unis, pas stressés », révélera plus tard Didier Deschamps.

Comme à leur habitude, les Roumains, auxquels un match nul suffit, ont choisi d'attendre. Mal leur en prend. La France a déjà tiré plusieurs fois au but. Barthez, qui supplée Lama blessé, n'a pas eu grand-chose à faire. Soudain, Karembeu récupère de la poitrine un centre de Zidane avant d'aller ouvrir le score en force à bout portant (29e).

La surprise est aussi énorme qu'agréable. Et l'on n'a encore rien vu. Les Bleus, sublimés par l'enjeu, ne lâchent pas leur proie. Stelea, le gardien roumain, ne peut que repousser un solide tir de Dugarry. L'inévitable Djorkaeff, qui passe par là, récupère le ballon et double la mise (42e). Au même instant, la Pologne, rivale de la France, qui joue en Slovaquie, est en train de s'effondrer (4-1). La route de l'Euro se dégage pour les Bleus qui ont réalisé une mi-temps divine.

Maintenant, il faut tenir face à des Roumains dépassés, mais qui puisent dans leur fierté les moyens de se remettre à flot. Quand Lacatus, sans doute parti hors jeu, dribble Barthez, évite le retour de Desailly et réduit le score (52e), on est en droit de s'inquiéter. Bousculée, la France résiste avec sang-froid avant de décocher la flèche qui tue. En premier archer, Michaël Madar, qui a remplacé Dugarry à l'heure de jeu. Son ouverture pour Zidane est excellente, mais pas encore décisive. Honneur au Bordelais pour avoir transformé cette offrande en trésor. Il contrôle de la poitrine, s'excentre sur la droite et, à l'entrée de la surface, expédie un missile en pleine lucarne. « J'ai eu un peu de chance, expliquera Zizou. Au lieu de la prendre du cou-de-pied, je la prends de l'extérieur. » La Roumanie est à genoux, la France presque au paradis.

Aimé Jacquet a le droit d'exulter : « Je suis très fier de mes joueurs. Notre première mi-temps a été exemplaire. Elle restera gravée dans nos mémoires. Nous avons grimpé, et ce n'est pas fini. C'est le résultat d'un an de travail avec une jeune génération qui vaut le coup. Avant le match contre la Pologne, je n'étais pas convaincu par l'idée d'associer Zidane à Djorkaeff. Aujourd'hui, je pense que c'est un duo exceptionnel. Cette victoire répare les injustices, fait taire les critiques. Une grande équipe ne se bâtit pas d'un simple coup de pouce ou d'un coup d'écriture. »

Chez les joueurs, l'euphorie est générale. « C'est fantastique », répète Lebœuf. « C'est la joie », ajoute Dugarry. « Ce match doit servir de référence », recommande Djorkaeff. « Jacquet a réussi à faire passer son message », reconnaît Deschamps. Autant on a été bons là, autant on peut se planter contre Israël », prévient Desailly.

Le Milanais est prudent. Il sait, comme tout le monde, que désormais l'équipe de France terminera obligatoirement à l'une des deux premières places du groupe. Si elle dépasse la Roumanie, qui ira en Slovaquie lors de la dernière journée, elle obtiendra directement son billet pour l'Euro. A l'inverse, une deuxième place peut déboucher sur un match de barrage entre les deux plus mauvais seconds des huit groupes qualificatifs. L'heure n'est donc pas au relâchement.

Ce n'est pas par hasard que Jacquet affirme, au lendemain du triomphe de Bucarest : « Le match contre Israël est le plus important de tous. »

Pour entrer dans cette dernière ligne droite, le sélectionneur fait confiance à son groupe. Si Lama est logiquement de retour, tout comme Loko, « tiré d'affaire », et qui remplace Dugarry blessé (« C'est très important pour moi », commente laconiquement l'attaquant parisien), toujours pas de Cantona ni de Ginola à l'horizon. « Éric est un cas à part, reconnaît Jacquet. L'équipe de France a vécu sans lui. Elle possède une autre identité, un autre rayonnement. » Pas un mot en revanche sur Ginola, qui commence à s'inquiéter : « Je ne crois pas que les Anglais comprendraient, si ni moi ni Éric n'étions en Angleterre pour l'Euro. »

Il faudra pourtant bien que les Anglais se fassent une raison, mais nous n'en sommes pas encore là.

Pour l'instant, il importe de battre Israël. Une équipe qui n'a pas vraiment la tête au football. Quelques jours avant la rencontre, le Premier ministre Yitzhak Rabin a été assassiné. Avant de s'envoler pour la France, Shlomo Sharf et ses joueurs se rendent sur sa tombe : « Personne n'a la tête au football, déclare le sélectionneur israélien. On ne se sent pas bien. Le match de Caen n'est plus important. De toute façon, nous n'avons aucune chance. Je veux simplement que mon équipe joue bien. »

Les Français ne peuvent pas considérer les choses de la même façon. Jacquet multiplie les rappels à l'ordre : « Il existe un risque de jouer petit bras, d'être tétanisé par l'enjeu. Pour l'instant, mon équipe n'a encore rien gagné. Il faut rester humble. On est encore loin d'être une grande équipe. » Il ajoute cependant : « Si nous sommes dans l'esprit de Bucarest, il n'y a rien à craindre. »

Comme il l'a déjà demandé un mois plus tôt, Desailly appelle encore à la plus grande méfiance : « Il n'est pas question de partir la fleur au fusil. » Avant la rencontre, les mathématiciens les plus poin-

Desailly et Angloma injouables pour Israël.

Liza inscrit le dernier but tricolore de la phase qualificative.

tus de la balle ronde se penchent sur le cas des Bleus. Leur diagnostic est le suivant : si la France termine deuxième de son groupe, elle a sept chances sur dix d'éviter le barrage du 13 décembre à Liverpool.

Et la France va terminer deuxième. Sans avoir le droit de lutter pour la première place. France-Israël n'a pas encore commencé que la Roumanie en a déjà fini avec la Slovaquie, qu'elle a battue (2-0).

Dans la lutte pour les meilleures deuxièmes places, les Bleus ont pourtant l'obligation de s'imposer dans un stade Michel-d'Ornano plein et chaleureux. Avec Madar en pointe unique, l'équipe de France ne plane pas sur la rencontre. Sa première mi-temps est même médiocre. Sans doute la faute au fameux enjeu évoqué par Jacquet. C'est encore une fois Youri Djorkaeff le magnifique qui la libère d'un tir croisé en force légèrement dévié (69e). C'est à Lizarazu, entré en jeu en seconde période à la place de Di Meco, que revient l'honneur d'inscrire le dernier but bleu de la phase qualificative (89e).

Les résultats venus d'ailleurs sont vite compilés. La France est directement qualifiée pour l'Euro anglais avec une place de sixième et dernier élu des meilleurs deuxièmes. Qu'importe le flacon ; l'ivresse est totale sur la pelouse caennaise. Jacquet et ses boys ont remporté leur pari. Bernard Lama parle d'un « grand plaisir, d'un grand bonheur ». Djorkaeff se fait sa pub : « Désormais, j'ai un passé en équipe de France, même si j'ai peu de sélections. »

« Ce match est à l'image de notre saison, conclut le sélectionneur. On a une équipe brillante, mais qui peut douter, se recroqueviller. Maintenant, on va avoir du temps pour travailler. La première partie du pari est réussie. Il faut tourner la page et mettre tout en œuvre pour réussir la seconde. Je suis confiant, car le football français s'est épanoui. »

La France a gagné une bataille. Il lui reste à gagner la guerre de l'Euro. C'est ce que l'on appelle une autre histoire.

Élégant et efficace, Djorkaeff égalise contre les Portugais.

Vingt sur vingt pour les Bleus

Djorkaeff-Zidane : l'apogée.

« L'Euro commence aujourd'hui. J'espère qu'il se terminera fin juin. » En officialisant, au cœur du mois de janvier, sa liste pour France-Portugal, premier des trois matchs amicaux de l'hiver, Aimé Jacquet vit encore dans le souvenir du tirage au sort de la phase finale effectué un mois auparavant. Roumanie, Espagne et Bulgarie au premier tour. Un sacré menu. Avant de se mettre à table, il trace le portrait robot du parfait petit international version 1996 : « J'ai besoin de conquérants, de joueurs sans états d'âme, irréprochables dans leur comportement et sur le terrain. »

Il brosse ensuite le profil des trois rencontres à venir : « Il s'agira de trois vrais matchs de compétition. Comptez sur moi pour mettre la pression nécessaire sur les joueurs. »

Voilà qui a le mérite de la clarté. Sauf pour Laurent Blanc, qui pensait bien revenir en grâce. Il devra patienter. En revanche, son coéquipier d'Auxerre Sabri Lamouchi effectue son entrée dans un groupe dont sont toujours absents les « Anglais » Cantona et Ginola, pour lesquels commence une longue et vaine attente. « C'est raté », constate le beau Gino.

Canto, le sélectionneur l'a rencontré à Manchester trois jours avant la proclamation de sa liste. On ne saura jamais ce que les deux hommes se sont dit. Mais Jacquet est très direct : « Pourquoi rappeler Éric dans l'immédiat, interroge-t-il, alors qu'avec Djorkaeff et Zidane j'ai deux joueurs d'avenir qui ont assuré la qualification ? Ils ont le pouvoir. » A charge pour eux de le conserver.

« Moins on perdra, plus on sera respectés par nos adversaires », a dit Lama. Mais, ce soir-là, dans un Parc des Princes à moitié plein et très branché Portugal, c'est lui qui encaisse le premier but sur une tête décroisée de Fernando Couto au premier poteau (23ᵉ).

Cela faisait très longtemps que l'équipe de France n'avait pas été menée. Une petite minute lui suffit pour se remettre à niveau grâce à un superbe une-deux Djorkaeff-Zidane, évidemment, habilement conclu par le Parisien. Mais, bien que privée de la moitié de ses titulaires, la jeune équipe portugaise fait feu de tout bois. Elle reprend l'avantage à la demi-heure de jeu par Rui Costa qui lobe Lama.

Au repos, le doute s'est installé. Il revient aux géniaux duettistes, aidés des remplaçants Pedros et Lamouchi entrés en seconde période, de le balayer à l'entrée du dernier quart d'heure. C'est d'abord l'incontournable Djorkaeff qui égalise sur une passe de Zidane (75ᵉ). Deux minutes après, c'est Pedros sur un service de Lamouchi qui offre la victoire aux Bleus d'un tir croisé du gauche.

Dans tout cela, il y a eu du bon et du

Deux buts contre la Grèce relancent Loko.

moins bon. N'empêche que la bande à Jacquet en est maintenant à dix-huit matchs sans défaite, série commencée en Italie à l'arrivée du sélectionneur en février 1994. Et, dans ses temps forts, elle a séduit par son esprit d'entreprise.

« Comment ne pas être enchanté d'un match où on voit cinq buts et où la France joue un bon football ? » Jacquet voulait de la compétition ; il a été servi. Il constate cependant : « C'est la première fois que notre défense commet des erreurs de ce type. C'est plutôt mieux de les faire maintenant. » Desailly, fixé un peu contre sa volonté en défense centrale, n'a pas trop de souci à se faire : « Je souhaite qu'il s'affirme dans ce rôle », dit Jacquet. En revanche, le Strasbourgeois Lebœuf n'a pas marqué de points.

Un qui en a marqué, et des tonnes, c'est Youri Djorkaeff. En quatorze sélections, il a déjà inscrit dix buts. Sa moyenne est exceptionnelle. Et son discours plein d'assurance : « Ce soir, je n'avais vraiment pas le goût de perdre. J'ai des responsabilités, je les prends et je ne me mets pas la pression. »

« La complicité Djorkaeff-Zidane est exceptionnelle », reconnaît Jacquet. Sale temps pour Cantona.

Place maintenant à France-Grèce et à Nîmes, qui sera la dix-huitième ville de province à accueillir les Bleus. Si le lieu change, le groupe demeure : « Il vit bien ensemble, il joue bien, il réagit bien. C'est avec lui qu'il faut insister. » Jacquet serait bien bête d'agir autrement. Pour la circonstance, compte tenu des blessures de Di Meco et Lizarazu, il rappelle le Monégasque Petit et intègre le Lensois Pierre Laigle.

C'est encore l'heure des essais. Thuram opère en défense centrale avec Desailly ; Zidane et Djorkaeff se relaieront à la manœuvre à raison d'une mi-temps chacun ; Lamouchi est titulaire. « Plus on approche de l'Euro, plus j'y pense », avoue l'Auxerrois d'Alès qui va évoluer devant toute sa famille. Par un temps glacial et dans un stade bondé, l'équipe de France se retrouve une nouvelle fois menée au score.

Dès la 4e minute, Alexandris achève victorieusement une superbe action collective. Ce n'est qu'à la demi-heure de jeu que les Bleus, qui balbutient leur football, égalisent sur un corner de Djorkaeff dévié de l'épaule par Desailly et repris de la tête par Loko. L'affaire sera finalement pliée en cinq minutes après la mi-temps. D'abord sur un penalty transformé par Loko (47e) ; ensuite sur une formidable action individuelle de Zidane ponctuée d'une imparable frappe (49e).

« C'était un peu moins bien que contre le Portugal, mais le résultat est logique », commente Zidane. « On a encore marqué trois buts ; c'est bon pour le moral », ajoute Djorkaeff. « Je me sens de mieux en mieux », affirme Loko. « On était tellement mal entrés dans le match que je ne pouvais qu'être inquiet », reconnaît Jacquet. Mais l'équipe a fait preuve d'un gros mental qui m'a fait plaisir. »

Au passage, avec dix-neuf matchs sans défaite, la bande à Jacquet égale celle de Platini, restée invaincue entre avril 1989 et février 1992.

Le record et le vingt sur vingt, c'est à Bruxelles, fin mars, que les Bleus vont le chercher. Sans Guérin ni Djorkaeff blessés, mais avec Alain Roche enfin disponible après une longue blessure. « Pourquoi Roche et pas moi ? » se lamente Laurent Blanc, remarquable avec Auxerre et tellement déçu d'être encore oublié. Finalement, le forfait de Lebœuf lui permet d'effectuer également son grand retour.

Pour ce soixante-septième Belgique-France de l'histoire, Zidane touché à la cuisse jette lui aussi l'éponge. Corentin Martins, convoqué d'urgence, est nommé chef d'orchestre. « Il n'y a pas de sélection au rabais, ni de bouche-trou en équipe de France », estime-t-il avec réalisme.

Quand c'est au tour de Desailly de déclarer forfait, Jacquet avoue : « Ce n'est pas l'équipe que je voulais faire qui joue, mais je m'adapte. »

Et plutôt bien, car face à une équipe belge en complète déliquescence, les Bleus donnent une démonstration de force qui va coûter son poste à Paul Van Himt, le sélectionneur d'en face. Un superbe but d'Albert contre son camp (66e), un autre de Lamouchi propulsé par Deschamps (72e) et la messe est dite. Les Français ont tiré dix fois au but, les Belges une fois seulement. Un monde d'écart.

Lamouchi est aux anges : « Avec le numéro 9 dans le dos, j'étais obligé de marquer. Je l'avais dit à mes partenaires avant la rencontre. » Roche est lucide et décidé : « Le record c'est bien beau ; maintenant, il faut enlever l'Euro. »

Jacquet est fier de son bilan : « Je ne suis pas insensible au fait que cette équipe a battu le record d'invincibilité, tellement son parcours dans les éliminatoires de l'Euro a été dur. Mais si j'ai 20 sur 20 et Platini seulement 19, la comparaison doit s'arrêter là, car comme joueur c'est Michel qui avait 20 et moi 10. » Reconcentré sur son sujet, il affirme : « Malgré les changements, plaisir et générosité sont toujours au rendez-vous. Nous commençons à posséder une identité. Depuis Bucarest, la confiance est là. J'ai vraiment hâte d'être à l'Euro. »

Lamouchi irrésistible en Belgique.

A vos marques, prêts...

Martins se joue d'un Finlandais, et les Bleus de tous leurs adversaires.

« Sélectionner, c'est choisir. » Le 19 mai, Aimé Jacquet communique la liste des vingt-deux joueurs qui participeront à la campagne d'Angleterre. Parmi eux, ni Ginola, ni surtout Cantona, sacré meilleur joueur de la saison du championnat anglais.

Puis il explicite le programme qu'il a élaboré avant l'envol pour Newcastle : « J'ai volontairement choisi des oppositions de types et de niveaux variés. La Finlande est physique. Elle va nous obliger à batailler dans les airs. La RFA est une des meilleures équipes au monde. L'Arménie a un jeu technique et vif. »

Jacquet annonce également que tout l'effectif sera concerné par ces trois ultimes tests : « Ne nous trompons pas d'objectif, prévient-il, le match qui compte, c'est celui contre la Roumanie. »

Le stage débute le 23 mai. Zidane y débarque la figure cabossée et le corps endolori, mauvais souvenir d'un accident de voiture récent. Pour recevoir la Finlande à

Strasbourg, Jacquet ménage ses premières montes. Barthez est titulaire dans les buts et Madar en attaque. Au coup d'envoi, ni l'un ni l'autre ne sont présents. Les deux Monégasques sont blessés. Rien de grave pour l'attaquant, victime d'un petit problème musculaire. Pour le gardien, c'est plus sérieux. Il s'est fait une entorse à la cheville. Dans son malheur, Fabien a de la chance. Dix jours doivent lui suffire pour se retaper. Il reste dans le groupe.

Du coup, Bruno Martini effectue son retour dans une cage bleue qu'il n'a plus gardée depuis juillet 1993. Et Loko débute.

Devant 30 000 spectateurs, c'est lui qui ouvre le score à bout portant après un très joli travail de Lamouchi et Martins (15e). Deux minutes après, Pedros marque à son tour d'une superbe balle piquée de 20 mètres. On attend l'effondrement des Nordiques. Mais les Bleus ne sont pas encore au point physiquement. Ils se contentent de gérer leur avantage. « L'essentiel, c'est toujours de gagner », explique Corentin Martins. « Ces derniers jours, on a bien travaillé. Peut-être trop », reconnaît Jacquet pour expliquer le fléchissement physique. Il ajoute: « On va monter en puissance avec l'Allemagne. »

Pour ce véritable choc, Djorkaeff et Zidane sont titulaires. Lama, Blanc, Karembeu et Deschamps également.

« On sera obligés de donner le maximum », prévient Berti Vogts, l'entraîneur allemand. Vincent Guérin, pour sa part, choisit de fonctionner à l'envers: « On risque de nous embêter beaucoup plus si on gagne. Une défaite nous permettrait de nous remettre en question à l'Euro. » A force de succès, certains Bleus craignent d'endosser la tenue de favori en Angleterre. Karembeu n'en fait pas partie: « Un succès ici, dit-il, nous mettrait encore plus en confiance. »

Et la France ne perd pas. Mieux encore, la France gagne, devant les 53 000 spectateurs du Daimler Stadion de Stuttgart, sur une reprise de la tête de Laurent Blanc à

Derniers réglages pour Pedros.

Victoire en Allemagne, le futur Champion d'Europe...

Contre l'Arménie, Madar montre qu'on peut compter sur lui.

la réception d'un coup franc de Djorkaeff (6e). « Un but exactement comme on l'avait répété à l'entraînement », se réjouira après coup le buteur. C'est la première victoire française sur le sol allemand depuis quarante-deux ans. Un véritable exploit.

Pour l'accomplir, la France a souffert en seconde période, quand les Allemands, vexés, poussaient pour égaliser. Elle a même eu pas mal de chance, notamment quand un tir de Möller a fracassé la barre transversale. Mais, en fin de rencontre, Djorkaeff puis Pedros auraient pu doubler la mise.

En tout cas, le résultat est là, formidable. Seule inquiétude : Zidane est sorti à la mi-temps après s'être traîné pendant quarante-cinq minutes. « On peut être fiers », déclare Jacquet qui, modeste, relativise ce succès : « Malgré la victoire, c'est un des matchs où l'on a commis le plus de fautes techniques et où il y a eu le plus d'incohérence dans le placement. » Djorkaeff préfère souligner le côté positif de l'affaire : « On ne peut pas banaliser cette rencontre. Elle servira de référence. »

L'attaquant allemand Bobic est épaté : « Quand on se passe d'un gars comme Cantona, c'est qu'on a forcément une bonne équipe. Je m'interrogeais, mais là j'ai compris. »

Maintenant, il s'agit d'éviter tout relâchement. « Contre l'Arménie, insiste Jacquet, nous devrons être plus présents, sans trop puiser dans nos réserves. » Ce match marque la cinquantième sélection de Didier Deschamps et, pour Youri Djorkaeff, un retour aux sources. Sa mère est arménienne. En onze matchs officiels, l'Arménie, indépendante depuis 1991, n'a gagné qu'une fois. Mais elle n'a jamais perdu par plus de deux buts d'écart.

Elle remplit donc son contrat à Villeneuve-d'Ascq en s'inclinant 2-0 devant 22 000 spectateurs. Les Bleus font le plein partout où ils se produisent. Le premier but est inscrit par Angloma en première période (15e). Le second par Madar après le repos (70e). La France n'a jamais été menacée et Zidane a brillé.

La conclusion est pour Jacquet : « Je suis extrêmement satisfait. Maintenant, place à l'Euro ; partons pour l'Angleterre. »

Deux jours plus tard, forte de vingt-trois matchs consécutifs sans défaite, sa bande s'envole vers son destin.

Un roi sans divertissement

Le corner est tiré par David Beckham. Il est repoussé par David James, gardien de Liverpool. Mais aucun de ces David ne sera roi. Le roi, c'est Éric, Éric « the King », qui reprend le ballon en déséquilibre arrière, à hauteur des 18 mètres, et l'expédie au fond des filets.

Plus droit, plus raide encore, il n'a jamais été aussi grand. Diable échappé à l'enfer, le voilà Dieu sur la terre des hommes.

On sait tout des frasques, des débordements, des excès de Cantona ; de la leçon de kung-fu administrée à un supporter indélicat de Crystal Palace le 25 janvier 1995 ; de sa suspension de huit mois ; de son retour le 1er octobre suivant ; de tous ces buts décisifs, ces buts de 1-0 qui propulsent Manchester United vers un nouveau titre, un nouveau doublé, le deuxième en trois ans ; de sa non-sélection pour la phase finale du championnat d'Europe anglais.

On sait tout de Cantona et on ne sait rien. Muré dans un silence qu'il croit protecteur, quand il le rend plus terne, moins « cantonesque », il traverse sa vie et sa carrière en posant sur les autres un regard hautain, voire de pur mépris.

La terre tournerait-elle mieux si les Cantona y proliféraient ? Il semble le croire, cramponné à ses valeurs, à un idéal de justice très personnel, un idéal inadapté à la vie en société, un idéal dont on a longtemps cru qu'il le conduirait à l'autodestruction par les flammes.

A Manchester, il suffit d'imiter ce que fait Cantona pour être heureux.

Au matin de ses 30 ans, Cantona a-t-il changé ? La question mérite d'être posée. Est-il désormais ce père de famille qui dit : « C'est très important de parler avec ses enfants quand il y a un problème », ou toujours ce héros tragique qui déclare, à propos de ceux qui se sont opposés à sa sélection pour l'Euro : « C'est comme si j'étais sur le toit d'un building à New York, que je regardais en bas et que je voyais passer plein de petites gens. » Il est les deux, évidemment, ce qui ajoute encore à sa complexité.

Sa non-sélection pour cet Euro qu'il attendait tant, qu'il espérait vivre sur sa terre d'accueil, fut pour lui une blessure supplémentaire, plus douloureuse qu'il ne le laissa paraître dans ses rares réactions. « Je ne m'imagine pas ne pas aller à l'Euro », avait-il déclaré après la finale de la Cup. L'Euro, il le voyait comme un divertissement, comme une fête. Huit jours plus tard, Aimé Jacquet le sacrifiait pour quelque chose comme une raison d'État : la protection d'un groupe solide, au sein duquel quelques barons ne souhaitaient pas obligatoirement sa présence. Cantona ne faisait donc pas partie des 22 meilleurs joueurs français. Quelle rigolade !

« Que pouvais-je faire de plus ? » interrogea-t-il, incrédule. On se souvenait alors de ce qu'avait affirmé à son propos, juste avant son retour à la compétition, Peter Schmeichel, gardien de but de Manchester : « Je n'en peux plus d'attendre. Pour lui et pour moi. Je suis persuadé que vous allez voir un autre Éric, un Éric meilleur. Il était déjà excellent auparavant, mais je crois qu'il va atteindre un niveau encore plus incroyable. Je sais que pour lui sa suspension a représenté un cauchemar. Éric a conscience d'avoir provoqué la tristesse de beaucoup de gens. Il veut les rembourser dans les grandes largeurs. »

Oui, que pouvait-il faire de plus, Éric Cantona, sinon survoler un championnat dont, hélas pour lui, les spécialistes jurent qu'il est peu contraignant tactiquement et physiquement, parce qu'il s'agit encore d'un jeu de liberté, où le porteur du ballon n'est pas en permanence une proie affolée par un rival féroce.

« Trahi » par Aimé Jacquet, qui en avait pourtant fait son capitaine à son arrivée à la tête des Bleus, Cantona payait pour l'ensemble de son œuvre et de son personnage.

Alors oui, il était déçu, pire encore, atteint dans sa fierté. Après coup, il affirma dans *Paris Match* : « Je pensais qu'on aurait pu avoir plus d'égards envers mes 45 sélections et mes 20 buts en équipe de France. Beaucoup de dirigeants ont cru que j'étais mort après l'affaire de Crystal Palace. Et comme je n'étais pas tout à fait mort, comme j'ai même ressuscité, ils ont tout fait pour que je meure une seconde fois et que je meure vite. Mais nous verrons qui mourra à la fin. Le public est avec les joueurs ; ceux qui sans tricher lui donnent des émotions. »

Mais qui est donc Éric Cantona ? Peut-être désormais, et tout simplement, ce joueur au visage duquel un supporter de Liverpool cracha au visage, au mois de mai, alors qu'il escaladait les 39 marches de l'escalier de Wembley pour aller chercher « sa Cup ». Ce joueur qui prestement essuya la salissure d'un revers de la manche et poursuivit son chemin vers la gloire en disant : « Ce n'est pas grave. »

A 30 ans, Cantona n'est pas entré dans l'âge de la sagesse, mais dans celui de l'élévation. Écorché vif pour l'éternité, n'est-il pas cependant sur le point de comprendre qu'il ne changera pas le sens de rotation des aiguilles de la planète ? N'est-il pas en train de s'accomplir, de s'épanouir, dans une ultime souffrance ?

La Cup et le championnat pour un super Cantona.

Le journal des Bleus

Vendredi 7 juin

DESTINATION NEWCASTLE

Aujourd'hui, pas de grasse matinée à Clairefontaine. L'Euro anglais attend les Bleus. Deux jours plus tôt, 20 mètres cubes de matériel et de nourriture les ont précédés par la route. Dans l'une des camionnettes, bien protégées, 360 bouteilles de château-plaisance, offertes par le Bordelais Bixente Lizarazu, associé aux propriétaires du vignoble, et 60 bouteilles de champagne. On n'est jamais trop optimiste.

Ni assez prudent, puisque 2 400 bouteilles d'eau traversent aussi le channel ainsi que des steaks pour les jours de match. Aucun risque de vache folle au menu. Les autres jours, les Bleus mangeront anglais, régime sans bœuf.

Au pied de l'avion, le sélectionneur Aimé Jacquet dessine un portrait robot de sa formation : « La marque de mon équipe, c'est à la fois son humilité, sa modestie, son ambition. Il lui manque encore l'expérience des grands combats pour la placer très haut. Mais il faut être extrêmement ambitieux. »

A 10 h 05, l'avion d'Air Inter se pose sur l'aéroport de Newcastle. C'est là que les Français débutent trois jours plus tard contre les Roumains. Pour l'instant, ils prennent l'autocar à destination du Northumberland et du *George Hotel* de Chollerford. Dans cette bâtisse du XVIIIe siècle, posée dans la vallée de la Tyne et à 35 kilomètres de Newcastle, 46 chambres leur sont réservées. A peine arrivé, Éric Di Meco part en repérage le long de la petite rivière qui longe l'établissement. Attention les truites, planquez-vous !

L'objet de tous leurs désirs...

Le soir même, à 18 heures, à quelques miles de là, Jacquet organise un premier entraînement sur le terrain de la Haydon Bridge High School. Au passage, les Bleus aperçoivent, collée sur la vitre d'une salle de classe, une feuille avec ces quelques mots : « Cantona and Ginola for France. » La jeunesse anglaise a de la mémoire.

Le sélectionneur est ravi : « Nous avons changé de monde. Nous entrons dans le tournoi final. » Pour les joueurs, c'est l'heure des derniers vœux. « Redescendre les Champs-Élysées avec les Bleus, ce serait le pied », dit Djorkaeff, qui se souvient de sa première expérience de ce type avec le Paris SG. « Voir Wembley et y jouer », souhaite Pedros. « Le 30 juin, après notre victoire à Wembley, dans le vestiaire, je voudrais lancer le ban bourguignon », déclare Lamouchi, dont les yeux brillent. Zidane est plus modeste : « Mon épouse est espagnole. Si seulement je pouvais battre l'équipe de ma femme. » Ce soir-là, dans leur château, les princes bleus se couchent, des rêves plein la tête.

Samedi 8 juin

L'OUVERTURE... DE LA PÊCHE

L'échéance approche. Les Bleus doublent la dose. Ils s'entraînent deux fois sur le terrain d'Haydon Bridge. Seul Barthez, qui se remet d'une entorse à la cheville, est ménagé. Dans la matinée, lors du rendez-vous avec la presse, toutes les discussions tournent déjà autour de France-Roumanie. Ou plutôt de Roumanie-France, car, à Saint-James Park, ce sont les Roumains qui « recevront » et choisiront leur vestiaire.

« Je suis persuadé, dit Jacquet, que ce match ne ressemblera ni au 0-0 de Saint-Étienne, où nous ne leur avions laissé aucune miette tout en manquant d'efficacité, ni au 3-1 de Bucarest. Il sera autrement plus exigeant ». Entre Roumains et Français, c'est une vieille histoire qui va se poursuivre. « A Bucarest, rappelle "cap-

Les drapeaux sont les vedettes de la cérémonie d'ouverture.

Premier match et premier but pour l'Anglais Shearer contre la Suisse (1-1).

tain" Didier Deschamps, nous étions obligés de gagner, alors que les Roumains étaient quasiment qualifiés. Là, tout le monde repart à égalité. »

Dans l'après-midi, avant leur deuxième séance de travail, les Bleus jettent un œil sur le match d'ouverture Angleterre-Suisse. La cérémonie qui le précède est magnifique et émouvante. Surtout quand les anciennes gloires du football anglais pénètrent une à une sur le terrain, de sir Stanley Matthews à Gary Lineker, en passant par les frères Jacky et Bobby Charlton. Seize parachutistes atterrissent avec les drapeaux des seize nations engagées, 40 000 ballons de baudruche s'échappent d'une coupe géante et s'envolent dans le ciel de Wembley, Son Altesse royale le duc de Kent déclare la compétition ouverte. Le ballon peut rouler sur la verte pelouse londonienne.

Pas trop bien pour les Anglais, accrochés par les Suisses (1-1). Les critiques leur tombent dessus. Paul Gascoigne est la cible préférée de la presse à scandale. Les Suisses d'Artur Jorge, trouble-fête ravis, ont moins de soucis. Ils font la ola devant leurs supporters.

Un peu plus tard, dans la nuit tombée, Di Meco et Deschamps, munis de cannes à pêche, taquinent les poissons. En vain: « Ça n'a pas mordu, déplore le Monégasque. On n'a pris que des feuilles. Ici on pêche à la cuiller. On ne sait pas trop s'y prendre. » Contre les Roumains, il s'agira d'être plus habile.

Dimanche 9 juin

HAGI VEUT NOYER LA FRANCE

Dans la matinée, les Bleus ont droit à un entraînement à la carte à Haydon Bridge. Barthez va mieux. Mais contre les Roumains, c'est Martini qui sera le remplaçant de Lama. L'après-midi, départ pour le Saint-James Park. L'ultime entraînement se déroule à huis clos. « C'est important de prendre des repères, souligne Djorkaeff. Dans les stades anglais, on peut seulement se régler sur les publicités. »

Désormais, l'impatience est manifeste. « Il me tarde que ça commence, explique Dugarry. J'ai envie de matchs, de grosses ambiances. » Le solide Desailly est inquiet: « J'aurais préféré que l'on perde l'un de nos derniers matchs amicaux, pour que chacun prenne conscience du danger qui nous attend dans ce premier tour. »

Blanc, au contraire, est optimiste: « La seule chose que l'on sait, c'est que l'on est capable de les battre puisqu'on l'a déjà fait. » Et Djorkaeff est carrément confiant: « Qui doit se poser la question sur le match de Bucarest? Eux, pas nous. On ne doute pas. »

A quelques dizaines de kilomètres de là, dans sa retraite, la star roumaine Georghe Hagi remonte sa troupe: « On a la rage en nous. On reste sur un nul et une défaite. Il est temps de gagner. On a des comptes à régler avec la France. On va se charger de la noyer. » Ça promet.

Très occupés par leur ultime entraînement, les Bleus ne regardent pas vraiment les autres rencontres. Celle entre la Bulgarie et l'Espagne, les deux autres membres du groupe B, se termine sur un match nul (1-1) qui ne révèle rien. Sinon que Stoïchkov a marqué un penalty et s'est vu refuser un but parfaitement valable, que l'Espagnol Pizzi et le Bulgare Houbtchev ont été expulsés et qu'Aimé Jacquet a été « impressionné par la qualité bulgare ».

A Manchester, l'Allemagne, sans Klinsmann suspendu, s'est débarrassée de la République tchèque en deux coups de cuiller à pot (2-0). Pauvres Tchèques; quelle leçon ils ont reçue! Cet Euro ne semble vraiment pas fait pour eux.

A Sheffield, les Danois, tenants du titre, ont enregistré match nul (1-1) avec le Portugal. Brian Laudrup a été épatant et les virevoltants Portugais ont enchanté le public; sans faire preuve de beaucoup d'efficacité.

Cette fois-ci, l'Euro est bel et bien lancé.

Lundi 10 juin

UN HOURRA POUR DUGARRY

Jacquet a tranché. Thuram joue arrière droit, Di Meco arrière gauche et Dugarry en pointe. Mais les Bleus connaissent un début de rencontre difficile dans un Saint-James Park loin d'être plein. Hagi tient parole. Sous sa conduite, les Roumains bousculent les Français. Ceux-ci desserrent l'étau à la 20e minute par un tir de Djorkaeff que Stelea repousse.

Lama et Guérin surveillent Raducioiu.

Quatre minutes plus tard, Djorkaeff intercepte une mauvaise passe roumaine et expédie un long centre aérien. Stelea sort comme un cadet. Il est en perdition quand Christophe Dugarry, à la lutte avec Popescu, envoie le ballon de la tête dans les filets. La France tient le bon bout. Elle va s'arc-bouter à sa victoire, sans jamais être véritablement menacée, mais sans non plus se créer vraiment l'occasion de dou-

Très précieux contre la Roumanie (1-0), Dugarry vole la vedette à Hagi (à gauche).

Le bonheur « grand comme ça » de Dugarry après son but contre les Roumains.

bler la mise. Elle tremble même quand, à l'ultime minute, Thuram commet une faute dans l'axe à 25 mètres de son but. Popescu tire le coup franc au-dessus. On pousse un grand « ouf » côté bleu, où Roche a remplacé Zidane à dix minutes de la fin.

Le Bordelais a été transparent. Il souffre des séquelles d'un accident de voiture qui lui a valu, juste avant le stage de préparation, quelques points de suture au visage et des douleurs musculaires. « Pour moi, ça a été très dur », reconnaît-il. Dans le camp français, le soulagement l'emporte sur l'euphorie. « On a rempli notre contrat dans la difficulté, déclare Jacquet. Le plus dur n'est pas fait. On a affiché une grande maîtrise technique. On acquiert de plus en plus d'expérience. »

Dugarry, unique buteur, a le droit d'être franchement joyeux : « Je marque. Je suis heureux. Je dédie ce but à tous ceux qui m'ont fait confiance, à Aimé Jacquet surtout. » « J'ai bien aimé ce match, explique Desailly. Au fil des minutes, je suis devenu de plus en plus difficile à passer. » « Nous sommes dans une situation favorable, mais il ne faut pas se relâcher », prévient Didier Deschamps.

Pour trouver trace d'un sentiment de colère, il faut aller dans le vestiaire roumain, où l'entraîneur Iordanescu fulmine : « Ce n'est pas la première gaffe de Stelea. J'espère que c'est bien la dernière. »

Dans la soirée, à Birmingham, aucun défenseur ne commet de gaffe et les Pays-Bas sont tenus en échec par l'Écosse (0-0). Un résultat qui n'empêche pas les Bleus de dormir du sommeil du juste, après avoir sablé le champagne et écouté Jacquet les remercier de leur performance. Avant de se glisser dans les draps, certains retournent à la pêche. Les truites en rigolent encore.

Mardi 11 juin

BARTHEZ EST UN FAKIR

Ce matin-là, sur le terrain d'Haydon Bridge, dans la bruine et le froid, ceux qui n'ont pas joué la veille, ou qui sont entrés en cours de match, disputent une rencontre amicale contre une sélection scolaire du Northumberland. Les adversaires ont tous moins de 17 ans et n'en reviennent pas d'être là. Les Français l'emportent 11-1. Mais ils ne sont pas contents de l'arbitre, un certain Henri Émile, intendant général de son métier. Selon eux, le but anglais était hors jeu.

Pendant ce temps, les titulaires sont aux soins. Piscine, jacuzzi, massages. L'après-midi, ils ont tous droit à un décrassage. Sauf Vincent Guérin, qui a mal au dos depuis la mi-temps du match contre les Roumains : « Je n'ai pas pris de coup, dit-il. C'est dû à ma fracture de la clavicule de l'hiver qui a provoqué un petit décalage du bassin. C'est plus embêtant qu'inquiétant. »

En fin de matinée, face aux médias, les joueurs sont revenus sur leur succès. « Dans le vestiaire, c'était chaleureux, se souvient Djorkaeff. C'était simple mais très fort. On s'est retrouvés juste entre nous. »

Thuram est encore tout surpris : « Je n'avais pas imaginé une seconde disputer cette rencontre, déclare-t-il. Dans ma tête, c'est Angloma le titulaire. Au début, j'étais tendu. A la mi-temps, je me suis dit qu'il fallait que j'arrête de jouer petit bras. »

Aimé Jacquet fait ses comptes : « Une victoire samedi contre l'Espagne réglerait le problème. Nous partirons pour gagner. » Et Barthez dresse son bilan : « Ça y est. Je suis guéri. Je suis un fakir. Lundi je ne pouvais pas être remplaçant, mais samedi ça ira. » Ce mardi-là, les quatre dernières équipes font leur entrée dans l'Euro. A Liverpool, l'Italie enchante. Sous la conduite d'un Zola super meneur et d'un Casiraghi super buteur, elle bat la

Russie 2-1. Les Italiens ont cadré onze tirs, les Russes un seul. « C'est le meilleur moment de ma carrière », clame Casiraghi.

Le soir, à Nottingham, sous une pluie battante, la Croatie à l'attaque de feu – Boban, Boksic, Suker – bat péniblement la Turquie. Vlaovic marque à cinq minutes de la fin. « Nous n'avons pas bien joué, reconnaît Blazevic, l'entraîneur croate, mais nous voilà en confiance. » Son homologue turc Terim n'est pas abattu : « L'important, c'est d'avoir prouvé qu'on a notre place ici. »

Mercredi 12 juin

BIENVENUE AU JARVIS PARKWAY

Aujourd'hui, l'Euro fait relâche. Les Bleus en profitent pour déménager. Ils reviendront à Chollerford. Pour l'instant, ils montent dans un car, cap sur la banlieue de Leeds et le *Jarvis Parkway Hotel*, où deux étages leur sont réservés. Première bonne nouvelle, il y a cette fois-ci une machine à espresso. Seconde bonne nouvelle, d'autres clients fréquentent l'établissement. Un peu d'animation ne dérange pas les Bleus, qui disposent toutefois de leur propre salle à manger, d'une salle de loisirs et d'une salle de réunion. Angloma n'est toujours pas revenu de sa déception du lundi : « Ça m'a surpris, mais je ne me résigne pas. J'ai raté le match que je ne voulais pas rater. Le sélectionneur a sans doute estimé que Thuram était plus défenseur que moi. »

Loko n'a pas les mêmes états d'âme. « On passera les tours comme ils viendront, explique-t-il, et on sera en finale à Wembley. » Facile à dire. Karembeu est plus prudent : « Notre match contre l'Espagne nous en dira beaucoup. Ce sera le grand départ. » Jacquet demeure sous pression. Dans la soirée, il anime un entraînement sur un terrain du Trinity and All Saints College : « Les choses sérieuses ont repris, dit-il. Il faut se reconcentrer très rapidement et veiller à chaque détail. »

Jeudi 13 juin

TIENS, DES FEMMES !

« L'absence de Cantona est peut-être un bien pour l'équipe de France. Mais pour le football et pour l'Euro, c'est une honte. » Peter Schmeichel, gardien de but du Danemark et de Manchester, ne prend pas de gants pour assener sa vérité. Elle ne trouble pas les Bleus. A deux jours du deuxième rendez-vous, Zidane est toujours tracassé par son état physique : « Après mon accident, ce qui m'arrive est un peu logique. Mais je me sens de mieux en mieux. Je sais que je serai meilleur contre l'Espagne. » Il n'a pas oublié son souhait d'arrivée.

Dans la matinée, Laurent Blanc ne participe pas à l'entraînement. Il a un genou douloureux. Le terrain du Trinity College est en meilleur état que celui d'Haydon Bridge : « Il était en pente et très dur », révèle Djorkaeff. Avant de faire travailler ses joueurs, Jacquet leur a donné ses premiers conseils pour le match de samedi.

L'entraînement de l'après-midi, que Blanc effectue normalement, se déroule devant de nombreux étudiants et sous le regard ému de quelques épouses qui se baladent en Angleterre depuis trois jours. On se parle, on se fait des bisous, mais ces messieurs rentrent seuls à l'hôtel. Le haut niveau suit des règles intransigeantes.

Avant d'aller bosser, les Bleus ont regardé à la télé la première mi-temps de Bulgarie-Roumanie. Ils ont donc vu Stoïchkov inscrire le seul but du match dès la 3e minute. Ils ont vu aussi Kostadinov, leur bourreau de 1993, se blesser, et le Roumain Munteanu marquer un but non accordé. La balle a franchi la ligne de 30 centimètres au moins. L'arbitre n'a rien vu. A quand l'arbitrage vidéo ?

En tout cas, les Bleus sont au parfum. S'ils ne battent pas l'Espagne, leur match contre la Bulgarie vaudra une nouvelle fois très cher.

Plus tard, à Birmingham, les Pays-Bas dominent la Suisse (2-0). Jordi inscrit le premier but. Son père n'est pas peu fier. Jordi Cruyff est le fils du grand Johann Cruyff.

Vendredi 14 juin

JACQUET EST INQUIET

Cette fois-ci, France-Espagne a commencé. « L'Espagne est une équipe de combat, affirme Laurent Blanc. Avant de jouer notre football, il faudra répondre au défi physique qu'elle va nous lancer. »

Aimé Jacquet ne dissimule pas une pointe d'inquiétude : « Nous manquons encore de présence dans le jeu, de percussion et d'habileté dans la finition. Ne pas profiter de ses bonnes périodes, au haut niveau c'est ennuyeux. »

Certes, la France est invaincue depuis 24 rencontres, mais l'Espagne reste sur 17 matchs sans défaite.

S'il est un joueur qui aimerait disputer cette rencontre, en dehors de Zidane bien sûr, c'est évidemment le Basque Bixente Lizarazu. Non seulement il est sur le point de signer à Bilbao, mais il se souvient que, lorsqu'il était gamin, c'est à Saint-Sébastien, de l'autre côté de la frontière, que son père l'a amené voir son premier match de foot.

Dans la matinée, les Bleus sont restés à l'hôtel pour se reposer et écouter Jacquet leur parler de l'Espagne : « J'ai peut-être été plus précis qu'avant la Roumanie, souligne le sélectionneur, car c'est un adversaire que nous n'avons pas affronté depuis plusieurs années. »

L'entraînement de l'après-midi se déroule à huis clos, sur la pelouse d'Elland Road. RAS. Toute la troupe est vaillante. Djorkaeff découvre de nouvelles publicités et des points de repère.

L'entraîneur espagnol Javier Clemente est impressionné par son futur adversaire : « Les Français ressemblent à des petites motos électriques, dit-il. Si on les laisse faire, ils vous tamponnent vite. La France est beaucoup plus forte que la Bulgarie. Mais nous n'avons pas peur. Nous sommes ici pour être champions. »

Champions, les Turcs ne le seront pas. On s'en doutait. Battus par le Portugal (1-0), ils sont d'ores et déjà en voie d'élimination.

Champions, les Italiens peuvent vraiment se demander s'ils le seront après leur défaite contre la République tchèque (2-1). Les Tchèques ont été remarquables. Nedved et Bejbl ont inscrit deux superbes buts. Les Italiens ont joué à dix durant une heure après l'expulsion d'Apolloni. Leur entraîneur Arigo Sacchi avait décidé de laisser au repos Zola et Casiraghi, héros du premier match. Une décision stupide. L'Euro ne pardonne pas ce genre de suffisance.

Samedi 15 juin

MAUDIT CAMINERO

Il fait chaud, très chaud, cet après-midi-là à Leeds. Mais, sur la pelouse d'Elland Road, la chaleur devient vite torpeur. Avec Angloma et Loko à la place de Thuram et Dugarry, les Bleus entrent prudemment dans la partie. Comme les Espagnols ne sont pas décidés à faire le jeu, la première mi-temps s'étire en longueur, sans que les spectateurs aient de véritables occasions à se mettre sous la dent.

C'est trois minutes après un repos bien peu mérité que Djorkaeff débloque la situation. Lancé dans l'axe par Karembeu, il file vers Zubizarreta qu'il trompe d'un tir de l'extérieur du droit. C'est son onzième but en bleu. A cet instant, la France est en quart de finale. Deux fois au moins elle a l'occasion de « tuer » le match. D'abord quand Djorkaeff hésite entre une action individuelle et un service à Loko. Au bout du compte, sa passe à son avant-centre est mal dosée. Ensuite sur une tête trop croisée de Dugarry qui a remplacé Loko.

A l'heure de jeu, l'entraîneur espagnol Clemente joue son va-tout. Il lance deux

Deschamps et Loko (masqué) fêtent Djorkaeff, à nouveau buteur contre l'Espagne.

Lizarazu bille en tête contre ses « frères » espagnols.

Deschamps vient de détourner un centre, Caminero frappe juste et l'Espagne égalise (1-1).

attaquants supplémentaires, Manjarin et Kiko. A sept minutes de la fin, il ajoute Julio Salinas.

Pendant ce temps, Jacquet s'affaire dans un déroutant jeu de chaises musicales. Angloma sort, Roche entre en défense centrale. Karembeu devient arrière droit, Desailly milieu de terrain. Puis Thuram remplace Guérin. Karembeu repasse au milieu pour laisser sa place au nouvel arrivant. Tous ces bouleversements perturbent une équipe de France au sein de laquelle Zidane est toujours aussi peu performant.

A la 85e minute, Kiko déborde Thuram et centre. « Dégage », hurle Lizarazu à Deschamps qui se trouve quelques mètres devant lui. La scène se passe au pied de la tribune réservée aux aficionados espagnols, dont les hurlements couvrent la voix du défenseur français. Deschamps n'entend pas et se contente de prolonger de la tête un ballon qui lobe Lizarazu et atterrit sur Manjarin, dont le centre est repris victorieusement par Caminero. L'équipe de France n'avait pas encaissé de but depuis 621 minutes. Lama peut râler : « Caminero rate à moitié sa frappe, mais au départ je suis masqué, je ne vois pas le ballon. Sinon, je le sors à coup sûr. »

Les faits sont là. La qualification de la France est reportée à une date ultérieure. « Dans le vestiaire, raconte Dugarry, nous avons tout de suite demandé ce qu'il fallait pour aller en quart de finale. Tous ces calculs, c'est embêtant. »

Un maudit but qui renvoie donc les Bleus près de trois ans en arrière. Un simple match nul leur suffira à coup sûr – quel que soit le résultat de Roumanie-Espagne – pour aller de l'avant. Comme le 17 novembre 1993, quand ils jouaient leur place en Coupe du monde et que Kostadinov leur avait réglé leur compte.

La première déclaration de Jacquet est exagérément positive : « C'est un des meilleurs matchs de la France depuis que je m'en occupe. » Plus sincère, le soir, avant le dîner, il rappelle à ses joueurs qu'il y a des occasions qu'il faut impérativement mettre au fond. « On a pris une gifle, leur dit-il, mais ce n'est pas la fin du monde. Vous n'avez pas à rougir. Il ne faut pas lâcher. »

Ce soir-là, les Bleus sont très fatigués. Après un repas à base de pâtes, de riz, de pommes de terre et de desserts, ils passent aux soins. Les kinés ne chôment pas. Jusqu'à 2 heures du matin ils multiplient les massages et les séances de balnéothérapie. L'équipe de France n'a que trois jours pour se retaper avant de retrouver sa meilleure ennemie au monde : la Bulgarie.

La meilleure ennemie de l'Écosse, c'est sans aucun doute l'Angleterre. Mais, une fois de plus, à Wembley, elle s'incline (2-0). Gascoigne cloue le bec à ses détracteurs en inscrivant un but fabuleux : contrôle aérien pied gauche, lob sur un défenseur, reprise de volée du droit. Du grand art pour un grand joueur. Une minute avant, le capitaine écossais McAllister avait raté un penalty. « Après avoir vécu le plus beau moment de ma carrière en entrant à Wembley brassard au bras, dit-il, j'ai enduré le pire. »

Dans l'après-midi, en plein centre de Manchester, un attentat commis par l'IRA a fait 200 blessés. L'Angleterre est sous le choc.

Dimanche 16 juin

ZIDANE NE VA PAS FORT

« On a reçu un coup de massue », reconnaît Angloma. En ce dimanche matin, puisque la messe n'est pas dite, ce n'est pas la grande joie au *Jarvis Parkway Hotel*. Après avoir participé en direct à *Téléfoot*, les Bleus affrontent pour la première fois quelques critiques.

Le dossier Zidane est ouvert. « Faut-il le sacrifier ? » interrogera *L'Équipe* le lendemain. « On ne peut pas dire que j'ai été au top, répond sans se défiler le futur Turinois. Contre la Roumanie j'étais content ; là j'étais moins bien. Mon accident ne m'a pas permis de suivre la même préparation que mes camarades. Je me sens frustré. Je n'ai pas l'impression d'être le meneur de jeu que l'on attend. »

« Son problème c'est l'accumulation des matchs après son accident », précise le docteur Ferret, médecin des Bleus.

Jacquet, à tort, ne veut rien entendre : « Je préfère garder sur le terrain un technicien capable de marquer un but », dit-il. Ce choix-là ne sera pas le bon.

« Il faut parfois payer pour apprendre, affirme encore le sélectionneur. Là, nous avons payé cash. Techniquement et tactiquement, on a réussi un truc très fort. Les Espagnols comme les Roumains n'ont jamais été dangereux. Mais le haut niveau, c'est aussi la gagne et cette égalisation nous fait très mal. »

Elle fait également très mal à Marcel Desailly qui masque à peine ses sentiments : « Ce n'est pas à cinq minutes de la fin que nous lâchons la victoire, mais à dix. » Il fait référence aux nombreux changements de joueurs et de postes. « Je suis bien derrière ; je veux y rester. » Son message est clair. Puis il ajoute : « Nous sommes un peu comme des enfants dans un manège. On avait en main la queue du singe et on l'a laissé s'échapper. »

Quoi qu'il en soit, les Bleus n'ont guère le temps de s'apitoyer sur leur sort. Dans deux jours, ils affrontent la Bulgarie à Newcastle. « Avec les Bulgares, on ne part pas dans l'inconnu, rappelle Jacquet. On va voir si mes joueurs sont aussi forts que je le crois. »

Allez hop ! direction Chollerford, sa rivière et ses truites imprenables. En début d'après-midi les Bleus remontent dans leur car. A 18 heures, ils retrouvent le terrain d'Haydon Bridge. Un entraînement léger attend les remplaçants. Un simple décrassage suffit aux titulaires parmi lesquels Desailly souffre toujours de son genou et Loko d'une cheville.

Entièrement concentrés sur le défi qui les guette, c'est tout juste si les Français s'intéressent aux victoires de l'Allemagne sur la Russie (3-0), avec deux superbes buts de Klinsmann à la clé, et de la Croatie sur le Danemark (3-0) avec deux buts du génial Suker. La Croatie est la première nation à gagner son ticket pour les quarts de finale. L'Allemagne la rejoindra, si elle évite contre l'Italie une défaite par plus de trois buts d'écart. Elle peut dormir tranquille. En revanche, pour le Danemark, le réveil est rude. Sauf miracle, son joli titre de champion de 1992 est déjà une histoire ancienne.

Lundi 17 juin

STOÏCHKOV PROMET L'ENFER

La Bulgarie est dans toutes les conversations. Quelques joueurs s'en agacent. Ils en ont marre que l'on ressasse l'éternelle rengaine. « Kostadinov ? » La simple évocation du nom maudit met Desailly en rogne : « Je m'en fous, moi, de Kostadinov. Je ne veux pas reparler de 1993. J'ai assez souffert à l'époque. »

« Rejouer les Bulgares ? » Didier Deschamps traite le problème avec un humour glacé : « Eh bien, on n'en a pas dormi cette nuit, on ne dormira pas la nuit prochaine et demain on ne jouera pas. »

Dix des vingt-deux joueurs français étaient au Parc des Princes en ce fameux 17 novembre. Six sur le terrain et quatre sur le banc.

Blanc fait partie de ceux qui ne veulent surtout pas oublier cette épouvantable soirée : « J'ai besoin d'effacer cette tache, dit-il. Même si la cicatrice ne disparaîtra jamais. On les rejoue dans une rencontre capitale. Profitons-en pour gommer certains trucs. »

Aimé Jacquet, qui a vécu le « drame sportif de 1993 » comme adjoint de Gérard Houllier, est plus que méfiant : « La Bulgarie est l'équipe la plus performante de notre groupe. Un joueur comme Stoïchkov peut faire la différence à tout moment. »

Karembeu est déjà prêt à monter en première ligne : « Avec Stoïchkov, il y aura des étincelles, mais j'aime ça. Qu'il chambre ; ça ne me dérange pas. »

Pendant ce temps, côté bulgare, le

Le duel Stoïchkov-Desailly, arbitré ici par Lizarazu, est engagé, parfois violent.

Stoïchkov en question allume d'énormes mèches provocatrices : « On va gagner, c'est évident, clame-t-il. Nous sommes bien meilleurs qu'en 1993. La France a peur de nous. Elle n'est pas aussi forte qu'avant. Qu'elle n'oublie pas de jouer jusqu'à la 90e minute. »

Les Bulgares, toujours aussi madrés, entretiennent le mystère autour de Kostadinov. « Il a une chance sur deux de jouer », prévient l'entraîneur Dimitar Penev. « Il a zéro pour cent de chances de jouer », contredit un de ses kinés. En tout cas, si l'Emil en question est présent, la Bulgarie alignera exactement la même équipe que celle du 17 novembre 93. Dans l'après-midi, les Bleus vont s'entraîner au Saint-James Park, où ils effectuent une mise en place tactique. « Aucun joueur n'est touché, affirme Jacquet. Nous abordons ce match décisif dans les meilleures conditions possibles, avec toutes nos forces. »

C'est une très bonne nouvelle.

Mardi 18 juin

DU PASSÉ ILS FONT TABLE RASE

Aujourd'hui, Christian Karembeu ne change rien à ses habitudes. Comme chaque matin de match, il téléphone à sa famille, en Nouvelle-Calédonie : « J'ai besoin d'entendre ma mère avant ce type de rencontre. J'ai aussi envie de discuter avec mon frère. J'aime partager avec eux ce que je vis. »

Ce qu'il vit, ce que tous les Bleus vivent, c'est un moment d'une très grande intensité. Leur destin leur appartient. Ils en ont conscience alors qu'ils se préparent dans le grand vestiaire des « Magpies » de Ginola. S'ils sont éliminés, un vol spécial sera affrété le lendemain, départ 12 h 45, direction Orly.

Sans Kostadinov, les Bulgares entrent bille en tête dans la partie. Le duel Stoïchkov-Desailly sent la poudre. Dès la 3e minute le Français prend un avertissement. Les deux hommes se cherchent et se trouvent. Les Français ont du mal à trouver leur équilibre. Deux ou trois ballons un peu chauds passent devant Lama.

A la 15e minute, Djorkaeff sonne la révolte. Son coup franc à ras de terre est détourné du bout des doigts par Bobby Mikhailov. Six minutes plus tard, son corner est repris de la tête par Blanc, qui ouvre le score. Le plus dur est fait.

Désormais, les Français peuvent voir venir. La solidité de leur défense est une assurance vie. Les Bulgares n'arrivent pas à s'approcher de Lama, tandis que Dugarry pique un ballon à Houbtchev avant de contraindre Mikhailov à un magnifique plongeon.

Le seul qui ne tient pas le choc, c'est l'arbitre anglais M. Gallagher. Blessé, il cède son sifflet dès la 29e minute à son compatriote M. Durkin.

A l'heure de jeu, Pedros remplace Zidane, dont les progrès ont été évidents. Une minute plus tard, la France double la mise. Djorkaeff tire un coup franc latéral que l'avant-centre Penev, propre neveu de l'entraîneur, détourne dans son but. Décidément, 1993 est bel et bien oublié.

Il faut tout le talent de Stoïchkov pour réduire le score sur un somptueux coup franc (69e). Un but de plus tranquilliserait les Bulgares qui à cet instant sont encore qualifiés, car la Roumanie tient l'Espagne en échec. Quand Amor offre la victoire à l'Espagne, à six minutes de la fin d'une rencontre qui se déroule en parallèle pour éviter tout calcul, l'entraîneur Dimitar Penev jaillit de son banc. « Tous à l'attaque », lance-t-il à ses joueurs. C'est trop tard et très risqué. A l'ultime minute, Loko, servi par Karembeu, dribble Mikhailov et inscrit le troisième but. La France n'est pas encore au paradis, mais elle est déjà aux anges.

« Nous avons été souverains dans le jeu aérien. L'équipe s'améliore de match en match », se réjouit Jacquet. Deschamps est soulagé : « On ne nous cassera plus les

La tête de Blanc s'élève très haut pour reprendre un corner de Djorkaeff. Les Bleus mènent 1-0 contre la Bulgarie.

oreilles avec les Bulgares. Ce soir, c'est eux qui connaissent l'élimination. Chacun son tour. »

Blanc, qui n'a pas la mémoire courte, est enfin débarrassé d'un terrible poids : « La cicatrice était là. Maintenant elle ne se voit plus du tout. Je ne dis pas que désormais je pourrai dormir tranquille, mais je suis en paix avec mon âme. »

Pour d'autres motifs, tournant autour de sa prestation personnelle, Zidane est presque rasséréné : « En quart de finale, je serai encore mieux, promet-il. Je ne m'inquiétais pas. J'ai mouillé le maillot pour l'équipe. J'aurais aimé rester jusqu'à la fin pour avoir le temps de marquer un but. Ça viendra sûrement. »

En tout cas, depuis la tribune, Michel Platini a apprécié : « Zidane était en meilleure forme. La France ne m'avait pas franchement emballé sur les deux premiers matchs. Là, elle m'a fait plaisir. Tout peut arriver. »

Le coup de grâce vient de Loko, auteur du troisième but : la France est en quarts !

Le seul à ne pas baigner dans une douce euphorie, c'est Marcel Desailly. Son duel avec Stoïchkov lui laisse un goût amer : « Il a tenu des propos racistes. Ça, je ne tolère pas. On ne peut pas être un grand joueur quand on se conduit comme il l'a fait. »

Quelques minutes plus tard, Stoïchkov, fidèle à son personnage, croise les Français, pince gentiment la joue de Vincent Guérin, puis s'en va vers de nouvelles aventures.

Les Bleus aussi, que Liverpool attend. Samedi, ils affronteront les Hollandais. Pourtant, ceux-ci, dans la soirée, prennent une véritable raclée à Wembley contre les Anglais. Au bout d'une heure de jeu, ils sont écrasés 4-0. L'Écosse, qui mène contre la Suisse (1-0), est alors qualifiée.

La rentrée de Kluivert est décisive. A la 78e minute, il inscrit le but qui sauve son équipe à la différence de buts. Le coup de Trafalgar n'était pas loin.

Un tel résultat laisse Jacquet perplexe. Tout comme ses joueurs, il n'a vu que des bribes de la rencontre. Interrogé dans la foulée, il déclare : « Ce n'est pas vraiment bon signe ni très rassurant pour nous. Mais quel challenge ! »

Lors du voyage retour, la sérénité l'emporte sur l'enthousiasme : « Déjà, dans le vestiaire, après la victoire, j'avais trouvé les gars étonnamment tranquilles, racontera Desailly. J'avais l'impression que Didier Deschamps et moi étions les plus contents. Même dans le car, c'est nous deux qui avons poussé la chansonnette. Ça a duré deux minutes à peine. » Pour chanter à tue-tête, les Bleus veulent un peu plus qu'un simple quart de finale. En arrivant à l'hôtel, ils trouvent de nombreux télégrammes de félicitations, dont celui du président de la République Jacques Chirac qui se termine ainsi : « Tous mes encouragements pour la suite. »

La suite, ce jour-là, c'est une soirée libre. De nombreux joueurs se rendent au *Julie's*, un fameux pub planté sur les quais de Newcastle, au bord de la Tyne River. Ils sont raisonnables. Un peu de bière, du Coca et à deux heures du matin leur car les redépose à Chollerford. Douce nuit.

Mercredi 19 juin

« ON PEUT ALLER EN FINALE. »

Quand ils se pointent à leur rendez-vous quotidien avec la presse dans le gymnase d'Haydon Bridge, les Bleus sont accueillis par des centaines de collégiens en grande tenue qui déploient une banderole : « Bonne chance à la France. » Certains scandent : « France et Angleterre en finale. »

La délégation française prendra le lendemain seulement la route de Liverpool. Mais elle ne sait toujours pas où poser ses bagages. Elle devait récupérer l'hôtel des Russes, à Wrightlington, entre Liverpool et Manchester. Seulement, les joueurs de l'Est ont décidé, quoi qu'il leur arrive le soir même, de prolonger leur séjour de vingt-quatre heures, et Jacquet refuse de voyager la veille du match. Henri Émile est sur les dents. Il trouvera bien une solution.

La Bulgarie, c'était hier et c'est déjà évacué. Les Pays-Bas, c'est dans trois jours, et c'est déjà demain. Le 4-1 de la veille a interloqué tout le monde, même si Pedros l'a vu venir : « Après avoir regardé dix minutes, alors que les Anglais menaient 1-0, j'ai dit à Dugarry : "Les Hollandais vont prendre une raclée. " Ils étaient en permanence en danger. »

« J'ai cru à une blague », avouera Thuram. Et Guérin surenchérit : « C'est trop gros pour être vrai. » « Ce qui leur est arrivé est affolant, ajoute Djorkaeff. Mais le match de samedi sera complètement différent. » « Une équipe subit rarement deux fois de suite la même chose », rappelle Lama, prudent.

Pour les Bleus, l'heure est à la récupération. « A partir de maintenant, la fraîcheur physique va jouer un rôle encore plus important », souligne Deschamps. Et Jacquet enchaîne : « Je redoutais une certaine lassitude. Physiquement, on n'est pas mal, mais la demande va être de plus en plus forte. »

La demande sportive également. Jusqu'où les Bleus vont-ils aller ? C'est évidemment la grande question qui leur est posée. « On peut espérer aller en finale », répond Desailly. « Le but, c'est d'aller le plus loin possible, dit Thuram. Nous ne venons pas de gagner la Coupe du monde, quand même. Il faut continuer. » « A la limite, il faut être trop ambitieux. Il faut se persuader que l'on peut aller au bout », déclare Pedros.

Toujours aussi pondéré, Jacquet ouvre pourtant des perspectives intéressantes : « Nous avons encore des lacunes dans le jeu et la finition. Mais il s'agit d'une des équipes de France les plus solides qu'on ait jamais vues. »

Le sélectionneur chasse l'info. TF1 lui fournit des cassettes sur les Hollandais. Et il lit avec attention les rapports envoyés par le directeur technique national Gérard Houllier et Patrice Bergues, nouveau membre de la DTN. Tous deux ont suivi les matchs du groupe A, celui des Pays-Bas.

A 17 h 30, les Bleus retournent une dernière fois à Saint-James Park. Étirements et décrassage pour les titulaires de la veille. Travail technique et frappe pour les autres. Rien que du classique.

Ce qui se passe un peu plus tard à Manchester est moins classique. Contre la solide Allemagne, l'Italie, qui a raté un penalty par Zola dès la 7e minute, n'arrive pas à marquer le petit but qui lui suffirait. Et, à la mi-temps, les Tchèques mènent 2-0 contre les Russes. Même à onze contre dix – Strunz expulsé –, la Squadra reste muette. Elle croit s'en sortir quand les Russes, au prix d'un incroyable retournement de situation, mènent 3-2 à cinq minutes de la fin. Mais, à la 88e minute, le futur Lensois Smicer égalise, propulsant

Zola rate ce penalty contre l'Allemagne (0-0) et la Squadra rentre en Italie à l'issue du premier tour. Kolossal surprise!

son équipe en quart de finale et l'Italie en enfer. « Ce n'est pas juste », dit Sacchi. Peut-être, mais c'est bel et bien de sa faute.

Quelques heures plus tôt, la Croatie, déjà qualifiée, avait fait l'impasse sur son match contre le Portugal en alignant sept remplaçants. Résultat: 3-0 pour le Portugal. Sur ce coup-là, le Danemark, vainqueur de la Turquie (3-0), se sent grugé. « J'espère rencontrer l'Allemagne en quart de finale », avait dit l'entraîneur croate Blazevic avant la rencontre. Il a vraiment tout fait pour.

L'Euro a livré son premier verdict. Les quarts de finale opposeront l'Angleterre à l'Espagne, la France aux Pays-Bas, l'Allemagne à la Croatie et le Portugal à la République tchèque.

Jeudi 20 juin

LES AVENTURIERS DU CAR PERDU

Si Henri Émile, intendant des Bleus, se retrouve devant un casse-tête chinois, c'est la faute aux Russes. « On a tout essayé, dit-il. J'ai même proposé de leur payer la nuit de jeudi à vendredi dans un hôtel près de l'aéroport de Manchester. Ils n'ont rien voulu savoir. On ne peut quand même pas faire venir la police pour les sortir. »

Éliminés depuis la veille, les Russes font de la résistance au *Whrightington Hotel* de Wigan, là où les Français souhaitaient se rendre dès aujourd'hui. Aimé Jacquet ne veut pas entendre parler de voyage la veille d'un match et, de toute façon, au *George Hotel*, les chambres sont déjà relouées.

Alors, à 14 h 30, sur l'aéroport de Newcastle, un bus dépose les joueurs au pied d'un avion qui atterrit quarante minutes plus tard à Manchester. Autre ville, autre bus, en direction du *Georgian House Hotel* de Blackrod. Cet hôtel était à l'origine prévu pour la presse, que l'on a priée d'aller se faire voir ailleurs. L'intendance n'a pas suivi; elle a précédé. Deux camions de matériel et de bagages sont déjà sur place. Tout ce chambardement ne masque pas la grande affaire à venir. Le quart de finale contre les Pays-Bas. Cela fait dix ans, depuis le fameux France-Brésil du Mondial mexicain, que l'équipe de France n'a pas évolué à ce niveau. « J'aimerais aussi avoir un jour mon France-Brésil », affirme avec envie Marcel Desailly.

Aimé Jacquet n'a pas ce genre d'exigence. Seul le résultat lui importe : « On n'a jamais été autant en danger, dit-il, car nous allons affronter une équipe capable de grandes choses dans un bon jour, mais aussi très remontée. »

En fin d'après-midi, le car bleu prend la direction du mythique stade d'Anfield Road, à Liverpool. Au lieu des quarante minutes prévues, le voyage dure une heure quarante. Les motards ne connaissaient pas le chemin. Dans l'autocar, Jacquet est furieux et les joueurs agacés. Programmée à 18 h, la séance débute à 18 h 50. Karembeu, victime d'un coup à une hanche, est ménagé, tout comme Dugarry touché au talon d'Achille.

Le voyage retour dure quarante-deux minutes montre en main. Largement le temps pour Lizarazu, Madar et Lebœuf d'expliquer à leurs camarades pourquoi ils viennent de signer à Bilbao, La Corogne et Chelsea.

Vendredi 21 juin

DU BLEU PLEIN LA BOUCHE

Les Bleus ne vont pas manquer de viande. Comme elle l'avait fait avant le premier tour, la boucherie de Rambouillet, qui fournit habituellement l'équipe de France, a expédié 90 steaks sous vide pour les jours de match. A raison de 30 steaks par match, voilà les Français parés jusqu'à la finale.

Ils n'en sont pas encore là. Avant un nouveau et très court déménagement – un quart d'heure – sur le coup de midi, à destination du *Whrightington Hotel* que les Russes ont enfin évacué, on parle et on reparle des Pays-Bas.

Djorkaeff est dans tous ses états : « C'est excitant. On a des possibilités énormes et on ne les connaît pas. » Zidane piaffe : « C'est ici que j'aurai le plus de frissons. Quand j'étais petit et que j'entendais le nom de Liverpool, j'en rêvais. Cela me donnait la chair de poule. » Pour les Bordelais, ce match marque les retrouvailles avec Richard Witschge. A les entendre, un drôle de loustic : « Un jour, il a mis de la pommade de massage dans nos tubes de dentifrice ; un autre jour, il a coupé le bout de nos chaussettes », raconte Dugarry. « Richard, c'est vingt conneries par jour », ajoute Zidane.

« Mais attention, prévient Witschge, pendant le match, les Bordelais ne seront plus mes amis et je ne serai plus le leur. »

Côté hollandais, la déroute contre les Anglais semble oubliée. « Nous n'avons pas perdu notre confiance », dit Kluivert. « La France est une très grande équipe, mais nous savons comment la battre », déclare Seedorf.

Pourtant, les entraîneurs des équipes encore en course ont du bleu plein la bouche. « La France est le favori n° 1 de l'Euro », dit Vogts l'Allemand. « La France est en finale ; jusque-là rien ne pourra l'arrêter », prophétise Blazevic le Croate. Et Hiddink le Hollandais surenchérit : « Une équipe qui a les moyens de se priver de stars comme Cantona, Ginola, voire Papin, et de faire des résultats, doit être considérée comme le grand favori de la compétition. »

Le bleu de France éblouit et les Bleus de France travaillent. A 18 h 30, ils sont à l'entraînement sur le terrain de Wigan. Karembeu et Dugarry sont rétablis.

Samedi 22 juin

ET KAREMBEU CONSOLA SEEDORF…

Il fait très froid ce jour-là à Liverpool, le vent pique. Au coup d'envoi, près de 20 000 supporters « orange » ont envahi le stade.

Comme d'habitude, ce sont les Hollandais qui prennent le jeu à leur compte. Et comme prévu, la bataille du milieu fait rage. Tout est âpre, serré, étouffant, dans cette rencontre. Les occasions de but sont aussi rares que les rayons du soleil. La plus belle échoit à De Boer dont la tête piquée rebondit au-dessus (22ᵉ). Deschamps a encaissé un carton jaune en début de première période ; Karembeu en reçoit un en début de seconde mi-temps. Il sait déjà qu'il sera privé de demi-finale. Si les Bleus se qualifient.

Ce qui n'est pas évident, car l'équipe hollandaise ne ressemble pas du tout à celle que les Anglais ont atomisée. A l'heure de jeu, Seedorf remplace Bergkamp et Dugarry succède à Loko. Un quart d'heure plus tard, le genou droit en compote, le futur Milanais ressort en larmes.

L'équipe de France peine pour s'approcher du but de Van der Saar. Elle obtient trois coups francs bien placés dont Zidane et Djorkaeff ne font pas le meilleur usage. Maintenant, les Bleus souffrent. Desailly touche la balle de la main dans sa surface. Le penalty est indiscutable. L'arbitre espagnol donne coup franc à l'extérieur de la surface. Cette injustice fait le bonheur des Français.

Il reste une minute à jouer quand Seedorf perfore l'arrière-garde bleue et se présente seul devant Lama, qui sauve du bout du pied. Le ballon finit en corner : « J'ai eu peur, en me retournant, de le voir entrer dans mon but », dira après coup le gardien français. Voici donc la prolongation et le nouveau règlement de la « mort subite ». La victoire au premier qui marque. « Cela n'a pas favorisé le jeu », affirmera Blanc. En effet, la plus grande prudence règne sur le terrain. Au bout de 120 minutes, il est largement temps de passer à l'éprouvante séance des tirs au but. Les filets vont enfin trembler.

A ce jeu cruel, Bernard Lama n'a jamais perdu. C'est bon signe. De Kock s'avance vers lui et marque. Le gardien français, comme il le fera à cinq reprises, apporte le ballon au tireur français. Zidane transforme. « Je n'avais pas de pression spéciale », dévoilera-t-il. De Boer marque à son tour. Voici Djorkaeff : « En me don-

France-Pays-Bas est un âpre combat. N'est-ce pas, Blanc ?

nant le ballon, Bernard m'a dit : "Marque, parce que je vais en arrêter un. " » Djorkaeff s'exécute.

Aux suivants ! Kluivert ne rate pas la cible. Lizarazu non plus, qui restait sur un échec contre la Pologne en août 1995. « C'est quelque chose de super à vivre. On monte très haut en intensité », déclarera-t-il.

Et voilà que Seedorf s'avance. Il tire à ras de terre sur la gauche de Lama qui repousse le ballon. « Il faut être honnête, reconnaîtra le gardien français, ce péno-là n'est pas bien tiré. A partir du moment où l'on part du bon côté ce n'est pas le plus dur à arrêter. »

Guérin ne tremble pas. Il marque à son tour. « Bernard m'a seulement dit: "Fais comme à l'entraînement et ça ira" », racontera-t-il.

« Ce péno-là n'est pas bien tiré », dira Lama après avoir arrêté le tir au but de Seedorf.

Blanc a le sort du match entre ses mains...

Blind met la balle au fond. Du coup, le sort du match est dans le pied droit de Blanc. Le tir est sec et précis. Il est 21 h 11. Devant la tribune d'honneur, ses partenaires étouffent le défenseur français.

Ils sont tous là, sauf Karembeu qui se dirige vers Seedorf, son pote de la Sampdoria de Gênes : « J'ai réalisé ce qu'il devait ressentir, expliquera-t-il. Lui, c'est plus qu'un ami, c'est un petit frère. De le voir ainsi pleurer, j'ai oublié mon carton. »

Les Bleus sont épuisés mais qualifiés. « Je ne sais pas si on méritait cette qualification, déclare Jacquet. Ce que je sais, c'est qu'en France lorsque l'on reste uni on devient très dangereux. On a su déjouer tous les pièges. »

« A présent, notre série d'invincibilité signifie quelque chose », se réjouit Deschamps. Les Bleus viennent de disputer leur 27e match consécutif sans perdre. Mais, dans le vestiaire, ils ne jubilent pas. « On s'est tous retenus devant la douleur de Christophe Dugarry, raconte Lama. Il avait mal, il pleurait, alors on n'a pas fait dans l'exubérance. »

De l'exubérance, il y en a eu en revanche l'après-midi à Wembley, où l'Angleterre a conquis de haute lutte sa place en demi-finale. Pas de but là non plus, ni de mort subite, donc des tirs au but. Quand Julio Salinas a marqué à la 34e minute, l'arbitre de touche l'a vu hors jeu. Il est bien le seul, mais comme c'est lui qui décide, l'Angleterre est sortie indemne du choc.

A l'arrivée, Hierro rate son tir au but et Seaman arrête la frappe de Nadal. « C'est doux de devenir un héros et de se retrouver à la une des journaux », susurre le gardien d'Arsenal.

... Contre-pied et but. Les Bleus éliminent les Pays-Bas !

Karembeu console son pote Seedorf.

Gascoigne a les crocs avant d'affronter l'Espagne.

Dimanche 23 juin

« ÇA DEVIENT DUR POUR TOUT LE MONDE »

« Happy birthday Zizou, 24 ans. » Le gâteau d'anniversaire trône sur la table de la salle à manger des Bleus. Zidane a 24 ans et tout juste la force de souffler les bougies. En ce lendemain de qualification, les Bleus sont crevés. « J'étais bien dans mon lit », soupire Desailly en débarquant au point presse. « On est naze après un match pareil », confesse Lizarazu. Les kinés ont bossé jusqu'à plus de 2 heures du matin. Les joueurs ont eu un mal fou à trouver le sommeil.

Patrice Loko exprime parfaitement l'usure générale: « Ça devient dur pour tout le monde. La lassitude n'est pas seulement physique. On commence un peu à râler, parce que les menus ne sont pas variés, les voyages en bus lassants. »

Et puis les malheurs de Christophe Dugarry ont jeté un voile de tristesse. Le futur Milanais a passé la matinée à l'hôpital de Manchester pour faire examiner son genou. Les ligaments ne sont pas touchés. Une petite opération et un bon mois d'arrêt devraient suffire.

La jambe entièrement prise dans une attelle de mousse, il revient avec philosophie sur son drame personnel: « Quand j'ai entendu crac, j'ai compris. Et j'ai pleuré. Dans le vestiaire, j'ai plus ou moins vu les pénos sur une petite télé. Mais, avec mon genou en deux, j'étais loin de bien les

Zidane et Lizarazu raccompagnent Dugarry, la jambe dans une attelle; Euro terminé...

Sammer astique Stanic et l'Allemagne accroche les Croates à leur palmarès.

Poborsky jongle Cristovao ; les Tchèques ont gardé des provisions...

vivre. J'ai eu l'impression que tout s'écroulait. Tout ça n'est pas grave, au fond, mais je ne savais plus quoi penser. »

Pour Dugarry, l'Euro c'est du passé. Pour ses camarades, la vie continue. Ils s'entraînent légèrement l'après-midi. Sauf Deschamps, qui est sorti du match de la veille avec deux orteils écrasés.

Pendant ce temps, l'Allemagne va de l'avant. Au bout d'un match violent, elle se débarrasse de la Croatie grâce à un penalty de Klinsmann et une frappe en deux épisodes de Sammer. Entre-temps, Suker a égalisé. Le Croate Stimac a été expulsé alors que le score était nul et Klinsmann, victime d'une contracture au mollet, a abandonné ses camarades en première période.

Boban le Croate broie du noir : « A dix, nous les avons encore bousculés. Mais il y avait une volonté de l'arbitre, même inconsciente, de faire pencher la balance. »

Berti Vogts n'a pas trop aimé l'affrontement : « J'espère que la demi-finale contre l'Angleterre sera mieux arbitrée et s'apparentera moins à un combat féroce. »

Plus tard, à Birmingham, la République tchèque élimine le Portugal. Poborski inscrit d'un magnifique lob piqué le seul but du match. Les Portugais n'ont jamais pu s'approcher du but de Kouba. Et l'arbitre a beaucoup joué du carton : Bejbl, Kuka, Latal et Suchoparek seront privés de demi-finale.

« Je suis quand même un peu surpris par notre performance », lâche Dusan Uhrin, l'entraîneur tchèque. « Je n'arrive toujours pas à y croire », dit l'ancien Toulousain Nemecek qui ajoute : « Contre la France, ce sera mission impossible. »

Premier commentaire à chaud d'Aimé Jacquet : « Je pensais que le Portugal gagnerait. La République tchèque est impressionnante, brillante, pleine de vie et d'ambition. Mais maintenant, on doit se préparer à aller au bout. »

Parmi les Bleus, il n'en est pas un qui ne rêve de Wembley.

Lundi 24 juin

BIENVENUE CHEZ CANTONA

Deux jours après la qualification contre les Pays-Bas, le débat sur la qualité du jeu bat encore son plein. En France, des grandes voix (Just Fontaine, Raymond Kopa) ont regretté que l'écrin du spectacle soit beaucoup plus terne que le bijou du succès.

Jacquet balaie tout ça sans nuance et sans finesse : « Le football moderne a des exigences. Ce n'est plus un jeu fait de petites passes, de ronds de jambes. Ce qui se passait en 1812 ou 1970 ne m'intéresse pas. Ceux qui nous critiquent en France sont des utopistes, un parti d'aigris. »

Ses mots ont certainement dépassé sa pensée. Les joueurs relaient à leur façon ce discours « moderne » et un peu triste. « La seule chose qui compte, c'est le palmarès », dit Guérin. « On a tous envie de beaux gestes et de beau jeu, affirme Zidane. Simplement, quand on arrive en demi-finale on ne pense qu'à gagner et ne pas prendre de but. » « La seule chose qui compte c'est d'être efficace et d'avoir des résultats, enchaîne Deschamps. Le reste on s'en fout. » Tout cela manque un peu de hauteur.

La République tchèque, avec ses quatre suspendus, est aussi dans toutes les conversations. « Qu'ils ne soient pas là est plutôt une bonne chose pour nous », reconnaît Zidane, tandis que Thuram tempère : « Sur un match, les remplaçants peuvent être bien meilleurs que les titulaires. »

Guérin, de son côté, n'est guère optimiste : « La fraîcheur physique est un élément clé. Elle est du côté tchèque. »

Pour remplacer Karembeu, suspendu lui aussi, Lamouchi tient la corde.

L'après-midi, les Bleus se rendent à Old Trafford pour un entraînement à huis clos. Sans Dugarry, qu'un avion spécial affrété par le Milan AC est venu récupérer. Il sera soigné en Lombardie.

Avant de se mettre au boulot, à huis clos, la délégation française investit la boutique de Manchester. La voilà dans le petit monde du grand Éric Cantona.

Hélas, impossible d'acheter le fameux maillot rouge frappé du n° 7. Il ne sera disponible que le 8 juillet. Du coup, les Bleus se rabattent sur le second maillot, bleu et blanc, qu'ils font presque tous floquer aux prénoms de leurs enfants.

« On est en demi-finale et vous me parlez encore de Cantona », avait répondu, un peu exaspéré, Marcel Desailly à la presse anglaise dans la matinée. Qu'il le veuille ou non, ici l'absent est incroyablement présent.

Plus tard, sur la pelouse, Deschamps se contente de trottiner. « Il n'y a aucun problème, rassure Jacquet. De toute façon, Didier a une surcharge de matchs en fin de saison et il sait très bien se préparer. »

Mais de demain, nul n'est certain.

Mardi 25 juin

DU BLANC COULEUR ESPOIR

« Après ce que nous venons de réussir, nous aurions bonne mine d'être sortis par une équipe comme ça. Nous serions impardonnables de rater une telle opportunité d'aller en finale. » Quelle franchise dans ces quelques mots de Didier Deschamps ce matin au *Wrightington Hotel.*

« On n'a pas le droit de perdre, embraye Djorkaeff. Il ne faut pas se laisser piéger. » Zidane se souvient qu'il a débuté sous le maillot bleu contre les Tchèques en août 1994. Il avait sauvé l'équipe de France en inscrivant deux buts dans les cinq dernières minutes. Il se souvient aussi d'une récente aventure européenne : « La France se retrouve dans la même situation que Bordeaux. Les Girondins venaient d'éliminer Milan. Ils étaient favoris contre Prague. Il faut avoir la même approche, humble et méfiante. »

« La France gagnera demain, et dimanche je serai à Wembley », affirme avec une excessive confiance Guy Drut, ministre de la Jeunesse et des Sports. Aimé Jacquet est un peu plus perplexe : « Tantôt les Tchèques semblent impressionnants, voire irrésistibles, tantôt ils paraissent en grande difficulté. A nous de savoir en profiter. »

Les Français ont remporté le premier tirage au sort. Ils recevront. Ils choisissent de jouer en blanc, comme contre les Pays-Bas. Le fétichisme, c'est bien, mais ce n'est pas lui qui marque les buts. Ils auront droit aussi au vestiaire de Manchester, celui de Cantona, un nom qui revient sans cesse sur le tapis : « Je suis déjà venu le voir deux ou trois fois, raconte Laurent Blanc. C'est mon meilleur ami. Je n'ai pas besoin d'aller à Old Trafford pour penser à lui. »

L'après-midi, les ex-Bleus s'entraînent à Wigan et à huis clos. Deschamps ressent une pointe de contracture derrière un mollet. Il stoppe la séance sans vraiment s'inquiéter. A quelques dizaines de kilomètres de là, les Tchèques ne se prennent pas la tête. Kubik reconnaît à demi-mot que certaines soirées se sont achevées à l'aube dans un cimetière de canettes de bière. Cela rappelle le Danemark champion d'Europe 1992.

Dusan Uhrin préfère balayer tout cela d'un revers de la langue : « Le seul point commun que nous avons avec les Danois, c'est que nous allons gagner l'Euro. »

La méthode Coué est increvable.

Mercredi 26 juin

MANCHESTER, TOUT LE MONDE DESCEND

« Si c'était pour sortir au bout de cinq minutes, ça ne servait à rien. » Dans la matinée, Didier Deschamps annonce son forfait. La journée commence mal pour les Français. « Ce matin, je ressens toujours une douleur en marchant, ce n'est pas la peine d'insister, explique le capitaine des Bleus. D'autant plus que, dans la nuit de lundi à mardi, une gastro-entérite m'a affaibli un petit peu. » Ajoutez les orteils

Djorkaeff a beaucoup tenté…

… Poborsky a été neutralisé…

écrasés et vous comprendrez pourquoi Roche peut s'échauffer, Desailly se préparer à évoluer au milieu et Blanc à porter le brassard.

Maintenant, les Bleus-Blancs sont dans le vestiaire. Le rituel est immuable. Thuram le décrit: « Au moment d'y aller, on fait ce que l'on ne fait jamais en club. On se tape dans la main en se souhaitant un bon match et ça c'est bien. »

Un bon match, ce n'est pas vraiment ce qui défile sous les yeux des spectateurs. Des deux côtés, la partie est verrouillée. Les Tchèques restent derrière et les Français manquent dramatiquement de punch. La seule action percutante de la première période est signée Thuram. Son coup de tête involontaire renvoie définitivement Smicer au vestiaire et lui vaut un carton jaune.

C'est à l'heure de jeu, alors que Pedros a remplacé Lamouchi, que Djorkaeff manque de faire basculer la rencontre. Il frappe d'abord sur la transversale, puis expédie une jolie reprise juste au-dessus. Côté tchèque, Nedved manque une bonne balle de contre. La prolongation est inévitable. Aucune « mort subite » ne vient l'interrompre. Ce long et ennuyeux pensum s'achève aux tirs au but sous les sifflets d'un public mécontent.

Dans le camp français, on ne touche pas à ce qui a si bien marché quatre jours plus tôt. Dans le même ordre, Zidane, Djorkaeff, Lizarazu, Guérin, Blanc frappent et marquent. Seulement, cette fois-ci, Lama n'a pas pu arrêter le moindre tir.

Place aux sixièmes tireurs. Pedros s'avance et shoote plein centre à ras de terre. Kouba repousse. Le destin est en marche: « Dans ces moments-là, je me sens coupable », dira le futur Marseillais. Il est 18 h 38.

Kubik, qui ne connaît rien au règlement, se présente de nouveau. Il a déjà tiré en premier. Il pensait qu'il fallait reprendre dans le même ordre. L'arbitre le renvoie au centre. Kadlec le remplace tandis que

... Mais Pedros a raté son tir au but...

ses camarades forment un cercle en se tenant par l'épaule, sans regarder. La frappe est imparable. Un de chute pour Lama. Les Tchèques vivent ce qu'ont vécu les Français à Liverpool et ceux-ci jouent le triste rôle des Néerlandais. C'est la cinquième demi-finale – sur six disputées – perdue par une équipe de France depuis 1958. « L'aventure se termine, soupire Jacquet. Elle fut très belle. Nous avons tout donné. Nous ne méritions pas d'être vaincus. Le football est ainsi fait. »

« On n'a pas tout donné. » Djorkaeff tient le discours inverse. « C'est rageant, poursuit-il. On n'a pas assez donné offensivement. Nous nous sommes reposés sur un système de jeu. Devant, je me suis senti seul. »

Le débat se poursuit. La France est éliminée sans avoir bouleversé les cœurs du pays. Personne ne pleure sur son sort.

Alors, les langues se délient: « Physiquement, on était trop courts, affirme Desailly. Quelqu'un comme Martins aurait peut-être fait du bien. » L'Auxerrois n'a pas joué une minute, alors que Zidane s'est traîné pendant cinq matchs. « Je suis fatigué, très fatigué, dit l'ex-Bordelais. Notre assise défensive est très bonne. Pour le reste... »

Karembeu, devenu spectateur, dresse ce constat lucide: « Il n'y avait vraiment pas de vie. Je comprends que les gens qui ont payé très cher leur place aient quelques regrets. »

Quant à Dusan Uhrin, il se déclare comme à son habitude « très surpris, et fier de diriger une telle équipe ».

... et l'étonnante équipe tchèque peut fêter sa qualification pour la finale.

Scholl renverse Ince et l'Angleterre.

Southgate s'en veut, Pearce le console.

Le soir, à Wembley, le scénario est quasi identique. Dans son dénouement. Car chacune des deux équipes a marqué dans le premier quart d'heure, l'Angleterre par Shearer et l'Allemagne par Kuntz. Et la prolongation a été phénoménale. Heureusement qu'Anderton a frappé sur le poteau à la 94e minute. S'il avait marqué, le match se serait arrêté. La « mort subite » est une vilaine invention.

Aux tirs au but, les pieds sont solides. Cinq-cinq à la fin de la série. Kopke repousse alors la frappe de Southgate. Möller s'avance. Tout comme Reuter, il sait qu'un carton va le priver d'une éventuelle finale. La rage au ventre, il exécute Seaman. L'Angleterre est boutée de son Euro. Pourtant, Wembley chante.

Jeudi 27 juin

LA DERNIÈRE BLAGUE DE DJORKAEFF

La soirée a été maussade au *Whrightington Hotel.* Mais le matin venu, alors qu'ils sont sur le départ, les Bleus (sans Desailly déjà reparti à Milan) n'ont pas trop le moral en berne. Tandis que Jacquet fait semblant de s'interroger sur un avenir que tout le monde voit en sélectionneur, Di Meco et Angloma, déçus d'avoir perdu leur place de titulaire, annoncent leur retraite internationale.

Le matériel a déjà pris la direction de Clairefontaine. Les joueurs empilent leurs sacs dans l'entrée. Ils sont en costume officiel, chemise bleue et cravate. Sauf Deschamps, qui porte encore un tee-shirt célébrant la Juventus championne d'Europe : « Comme ça, dit-il, quand je me regarde dans la glace, ça me donne le sourire. »

Le déjeuner est vite avalé. Les derniers steaks, ceux de la finale, ont été engloutis. Avant de rejoindre l'aéroport, c'est le moment des ultimes conclusions.

Zidane : « Je ne garderai pas un super souvenir de l'Euro. Je ne suis pas content de moi. »

Djorkaeff : « L'entrée de Martins et de Madar nous aurait fait le plus grand bien. »

Blanc : « Je n'étais pas venu ici pour le plaisir. »

Loko : « Un seul attaquant, c'est un handicap. »

Jacquet : « Il nous a manqué à la fois peu et beaucoup pour réussir. Telle que vous l'avez vue, cette équipe de France a vécu. Il faut tout remettre à plat pour 98. Quand on ne va pas au bout, quelque chose meurt. Mais je n'ai aucun regret. »

Le temps permettra une analyse plus fine. Pour l'instant, l'heure du retour a sonné. Le voyage jusqu'à Orly est sans histoire. Djorkaeff fait marrer tout le monde en demandant à Madar d'arrêter de s'échauffer.

Les Bleus ont la tête aux vacances. D'autres aventures les attendent. Dans des clubs étrangers, pour la plupart d'entre eux. Sous le maillot bleu pour le plus grand nombre. Avec un objectif fabuleux : déposer la France sur le toit du monde, le 12 juillet 1998, dans le Stade de France.

Le jour de gloire de Bierhoff

Comme dans un roman d'Agatha Christie qui se serait appelé *Vingt-deux petits Allemands*, en avançant vers la finale l'Allemagne s'est vidée de ses forces vives. Kohler a disputé quinze minutes du premier match contre la République tchèque avant de se blesser au genou et de repartir au pays. Ensuite, Basler, mal rétabli d'une opération à la cheville, a pris la même direction. Lors du quart de finale contre la Croatie, les deux attaquants Klinsmann et Bobic, victimes d'une contracture au mollet et d'une luxation de l'épaule, ont abandonné leurs camarades.

En demi-finale, contre l'Angleterre, Helmer touché aux deux genoux est sorti à la 110e minute et Freund l'a suivi à la 119e minute, sans espoir de rétablissement. Lors de ce même match, Möller et Reuter ont reçu un second carton jaune qui les prive de finale. Ajoutez Ziege qui porte encore au tibia les traces d'une rencontre violente avec un panneau publicitaire, Kuntz qui se plaint d'une contracture au mollet et Bode d'une contracture à la cuisse. Vous comprenez mieux alors pourquoi, en ce vendredi 28 juin, Berti Vogts, qui ne peut plus compter en cette avant-veille de finale que sur onze hommes valides, présente à la presse stupéfaite des maillots de joueurs de champ floqués des numéros 12 et 22, ceux de ses gardiens remplaçants Kahn et Reck. Parmi les onze rescapés figurent les trois gardiens.

Il marque deux buts en finale!

Vogts a demandé et obtenu du comité d'organisation de l'Euro la possibilité de recevoir deux renforts. Un seul suffira. Il s'appelle Jens Todt. Il a 26 ans, 3 sélections, et vient de quitter Fribourg pour signer à Brême. Vogts le joint à 22 heures dans un restaurant sur un téléphone portable. Le lendemain matin, cet invité de la dernière heure débarque à Londres.

Cette hécatombe est pourtant insuffisante pour faire d'Oliver Bierhoff un titulaire. L'attaquant d'Udine doit encore s'effacer derrière Jurgen Klinsmann, lequel décide de tenter le tout pour le tout.

Drôle de trajectoire que celle de Bierhoff, unique Allemand à évoluer dans le Calcio. Ce fils de bonne famille, né à Karlsruhe le 1er mai 1968, débute en Bundesliga à Uerdingen, alors qu'il n'a que 18 ans. A 20 ans, il signe à Hambourg, qui voit en lui le successeur du grand Horst Hrubesch. Oliver mesure 1,91 m pour 83 kg.

Bilan: six buts en une saison et demie. Le voilà prêté à Mönchengladbach, où il se retrouve remplaçant plus souvent qu'à son tour. Il prend alors la route de l'Autriche. Pour un joueur allemand, il ne s'agit pas vraiment d'une promotion sociale. A Salzbourg, il compte 23 buts en une saison. Repéré par l'Inter de Milan, il signe un contrat en faveur du grand club italien… qui le prête immédiatement à Ascoli, équipe de Deuxième Division. Bierhoff ne bondit pas au plafond et ses débuts sont plus que difficiles. Pourtant, Ascoli l'achète à l'Inter en 1992. La carrière de cet éternel espoir décolle enfin. Il inscrit 46 buts en trois saisons et signe en juillet 1995 à l'Udinese. Le vrai Calcio lui tend les bras. Il le remercie à sa façon en totalisant 17 buts qui le placent dans le Top Ten des meilleurs buteurs.

Alors, tout s'enchaîne. En février 1996, Bierhoff débute en équipe nationale. Il dispute la seconde mi-temps d'un match amical contre le Portugal. Un mois plus tard, il marque les deux buts du succès de l'Allemagne contre le Danemark. Il ira à l'Euro.

Pourtant, alors que Klinsmann, suspendu, est absent, Oliver ne joue que huit minutes contre les Tchèques lors du premier match. Il est titulaire contre les

Premier but de la tête : c'est l'égalisation.

Second but en prolongation : c'est la victoire. Super Bierhoff.

Pour Sammer, Bierhoff, Hassler et Ziege (de g. à dr.), cette chaîne est synonyme de triomphe et de bonheur. L'Allemagne est éternelle.

Russes pour le match suivant et passe quatre-vingt-cinq minutes sur le terrain. Puis il disparaît complètement de la circulation, en dépit des malheurs qui frappent son équipe.

Cela fait maintenant 69 minutes que la finale a débuté. Les Tchèques mènent 1-0 grâce à un penalty de Berger généreusement accordé par l'arbitre italien Pairetto pour une faute commise hors de la surface. Vogts lance enfin son « Italien ». « J'avais commencé à m'échauffer à la mi-temps, racontera celui-ci après coup. On ne savait pas si Klinsmann allait tenir tout le match. J'étais fin prêt. Mais, tant qu'on n'est pas sur le terrain, on n'a pas le sentiment de disputer vraiment une finale. J'espérais jouer plus souvent. Je n'étais cependant qu'un élément parmi les vingt-deux. A l'arrivée, nous sommes champions d'Europe. Donc l'entraîneur a eu raison. »

Oui, il a eu raison Berti Vogts, car quatre minutes après avoir remplacé Scholl, Bierhoff égalise en reprenant de la tête, au second poteau, un long coup franc latéral de Ziege.

A 1-1, il faut disputer la prolongation. Elle ne dure que cinq minutes. Pour la première fois, la « mort subite » frappe et le « but en or » fait la différence.

« Quand je reçois le ballon, expliquera Bierhoff, j'ai l'intention de tourner à gauche, mais derrière moi j'entends Bode qui me crie de tourner à droite. Je pivote, je tire et je vois le ballon qui échappe au gardien tchèque et termine sa course dans le but. »

En 26 minutes, Oliver est devenu le héros de tout un pays. Un héros bien dans sa peau qui garde les pieds sur terre, alors même qu'il tutoie le septième ciel : « Je me préparais pour chaque rencontre comme si j'allais jouer. Je ne faisais pas la gueule. Je viens de vivre mon plus grand bonheur sportif. Je ne suis pas un joueur du Bayern ou de Dortmund. Imaginez ma joie, c'est mon premier titre. »

Il est haut de gamme et la grande Allemagne, championne d'Europe pour la troisième fois de son histoire, le doit à cet as de la patience superbement récompensé de sa si longue attente.

Trézéguet, goleador bleu

Les équipes de France ne pouvaient pas terminer bredouilles cette saison où elles n'ont pas été loin de tout gagner. On comptait sur les Olympiques, fin juillet, pour couvrir d'or une famille déjà riche de deux demi-finales européennes (A et Espoirs) et d'une finale (moins de 16 ans). Mais Bonnissel, Maurice, Pirès et les autres sont « morts subitement » sur la route d'Atlanta, foudroyés en quarts de finale par le Portugal (2-1). Il y avait de quoi crier à l'injustice pour nos sélections, aussi performantes que nos clubs en Coupes d'Europe, mais à qui il manquait un Paris SG, un vainqueur, une apothéose.

Heureusement, la grâce a fini par toucher le maillot bleu, fièrement porté par la sélection Juniors de Gérard Houllier. « Il était temps de prouver qu'en France on peut aller au bout », affirme avec soulagement le DTN, entraîneur passionné d'une bande de gamins bourrés de talent. Ils sont champions d'Europe de leur catégorie, la troisième dans la hiérarchie de l'UEFA après les A et les Espoirs, et la consolation n'est pas mince. Car, si cette épreuve n'est pas la plus prestigieuse du football international, elle a un présent relevé, avec un tournoi final à huit équipes, et elle promet à son lauréat un avenir ensoleillé. Le triomphe des Juniors tricolores cette année apporte une preuve définitive du formidable potentiel de l'école française. « Je dédie cette victoire à tous les entraîneurs des centres de formation, dont c'est aussi le titre », a d'ailleurs insisté Houllier au soir de la finale, disputée sur la pelouse miracle de Besançon – sur laquelle, en 1988, les Espoirs avaient glané le dernier titre européen d'une sélection française. Cette fois, les Juniors gagnent à l'arraché aux dépens de l'Espagne (1-0), grâce à un but marqué... du genou par Tierry Henry. « C'est d'abord la victoire d'une équipe de potes, un truc dont on se souviendra toute notre vie, lance le capitaine des p'tits Bleus. Depuis deux ans, dès qu'on se retrouve, on ne pense qu'à ça. L'ambiance dans le groupe est extraordinaire, tout le monde bosse, tout le monde se respecte. Notre réussite, elle part de là. » Décidément, la France ne fabrique pas seulement des footballeurs compétitifs, elle façonne également des garçons sains, solidaires, ambitieux.

David Trézéguet, ici contre l'Espagne, a marqué quatre des cinq buts français en phase finale.

Mais si le prometteur attaquant monégasque est un pur produit de son club, si le métronome du milieu Yohann Bigne, aux allures de Didier Deschamps, a été formé à Rennes, tout comme le défenseur décathlonien Mikaël Silvestre, si le buteur Nicolas Anelka a fait ses classes au Paris SG et le précieux arrière gauche Jean-Sébastien Jaurès à Auxerre, si le gardien Thibaut Maqua a connu des galères à Monaco, où on l'a borduré au point de le faire jouer dans le champ, puis a poursuivi son éducation sportive à Cannes, si enfin l'excellent milieu défensif Jean-Philippe Javary a cultivé son caractère de cochon à Montpellier, le phénoménal avant-centre David Trézéguet, lui, vient de nulle part...

Exception qui confirme la règle, Trézéguet n'a été formé par aucun club français et s'exprime difficilement dans la langue de Molière. Ce géant de 1,87 m est pourtant « un goleador dont l'adresse devant le but est diabolique, un rôdeur des surfaces à la Onnis qui, devant nous, a gagné le

Tournoi », dixit Houllier. Au premier tour, « Bati », ainsi surnommé parce qu'il adore Batistuta, score quatre fois en trois matches : deux buts de la tête à Dijon contre la Hongrie (2-1), un autre sur penalty à Épinal après une heure de tâtonnements face aux redoutables Portugais (1-0), et un dernier à Besançon devant la Belgique (1-1), d'une superbe reprise du gauche. Une star est née, son nom est Trézéguet. On apprend qu'en douze sélections il a marqué la bagatelle de quinze buts. Et on découvre son incroyable parcours, sa vie hors du commun.

David est né à Rouen en 1977 d'un père argentin qui exerce alors en Normandie son métier de joueur pro. Rentré à Buenos aires l'année suivante, Jorge Trézéguet inscrit son fiston à Platense, un club de la banlieue, où le petit David fait une première apparition en D1 à l'âge de 16 ans. Début 1995, il est titulaire en équipe réserve, et Boca Junior puis l'équipe d'Argentine des moins de 18 ans lui font du pied. Mais son rêve est de partir chercher fortune en France, fort de son double passeport, pour subvenir à l'existence de ses parents ruinés. Grâce à l'impresario Rafael Santos, il débarque à Paris, loge chez l'ancien joueur Omar Da Fonseca et effectue quinze jours d'essai au Paris SG en juillet 1995. Luis Fernandez et les internationaux parisiens sont sous le charme, mais l'affaire capote au niveau des dirigeants. A Monaco, en revanche, il suffit d'une seule séance d'entraînement à Jean Tigana pour être séduit. Fou de joie, David annonce : « Je ne pose qu'une condition : que mon père, ma mère et ma sœur puissent venir me rejoindre. » Tope là. En décembre 1995, la famille Trézéguet s'installe à Beausoleil. Le jeune stagiaire, comblé, s'adapte très vite à sa nouvelle vie, débute en Coupe de la Ligue en janvier à Lyon et en D1 le mois suivant à Paris. Quatre apparitions chez les pros, une demi-heure de jeu au total, et des buts en rafale avec l'équipe de France Juniors : la carrière de David Trézéguet, 18 ans, est bien lancée.

« De tous les attaquants que j'ai vus passer, il est un des plus talentueux », avoue Christian Damiano, l'adjoint d'Houllier. Le Mondial 98 arrive un peu tôt pour lui. Mais sait-on jamais ?

Les champions d'Europe Juniors. En haut : le Dr Laborderie, Tardy (entraîneur adjoint), Gonzales, Crevoisier (entraîneur adjoint), Damiano (entraîneur adjoint), Henry, Rodrigues ; au milieu : Houllier, Jaurès, Anelka, Chabbert, Silvestre, Mouret, Agboh, Leroy ; en bas : Arnal (kiné), Trézéguet, Bigné, Clotaire, Roy, Gallas, Domi, Maqua, Denoyers, Javary.

Championnat de France de Première Division

	Pts	J	G	N	P	bp	bc	Dif
1. Auxerre	72	38	22	6	10	66	30	+36
2. Paris SG	68	38	19	11	8	65	36	+29
3. Monaco	68	38	19	11	8	64	39	+25
4. Metz	65	38	18	11	9	42	30	+12
5. Lens	63	38	16	15	7	45	31	+14
6. Montpellier	60	38	17	9	12	51	40	+11
7. Nantes	55	38	14	13	11	44	42	+2
8. Rennes	54	38	13	15	10	44	41	+3
9. Strasbourg	54	38	14	12	12	46	44	+2
10. Guingamp	53	38	13	14	11	34	33	+1
11. Lyon	48	38	10	18	10	41	41	0
12. Nice	45	38	12	9	17	37	44	–7
13. Le Havre	45	38	11	12	15	33	45	–12
14. Cannes	44	38	12	8	18	45	51	–6
15. Bastia	44	38	12	8	18	45	55	–10
16. Bordeaux	42	38	11	9	18	44	52	–8
17. Lille	39	38	9	12	17	27	50	–23
18. Gueugnon	38	38	8	14	16	27	46	–19
19. Saint-Étienne	34	38	6	16	16	36	59	–23
20. Martigues	34	38	9	7	22	31	58	–27

Qualifié pour la Ligue des champions : Auxerre.
Qualifiés pour la Coupe des Coupes : Paris SG (tenant du trophée)
Nîmes (finaliste de la Coupe contre Auxerre).
Qualifiés pour la Coupe de l'UEFA : Monaco, Metz, Lens, Montpellier.
Qualifiés pour la Coupe Intertoto : Nantes, Rennes, Strasbourg, Guingamp.
Relégués en Deuxième Division : Gueugnon, Saint-Étienne, Martigues.

Le classement des buteurs

21 buts : Anderson (Monaco).
20 buts : Drobnjak (Bastia).
18 buts : Maurice (Lyon).
15 buts : Dely Valdes (Paris SG), N'Doram (Nantes), Wiltord (Rennes).
14 buts : Rai (Paris SG).
13 buts : Djorkaeff (Paris SG), Martins (Auxerre).
12 buts : Debbah (Nice), Horlaville (Cannes), Laslandes (Auxerre).
11 buts : Caveglia (Le Havre), Grassi (Rennes), Lefèvre (Montpellier), Pirès (Metz), Pouget (Metz), Rodriguez (Bastia), Sanchez (Montpellier).
10 buts : Ipoua (Nice).
9 buts : Diomède (Auxerre), Mostovoï (Strasbourg), Rouxel (Guingamp), Sibierski (Lille), Vairelles (Lens).
8 buts : Camara (Lens), Charvet (Cannes), Gravelaine (Guingamp), Keller (Strasbourg), Loko (Paris SG), Madar (Monaco), Sandjak (Saint-Étienne), Zitelli (Strasbourg).
7 buts : Bancarel (Bordeaux), Kozniku (Cannes), Meyrieu (Lens), Moravcik (Saint-Étienne), Pedros (Nantes), Scifo (Monaco), Thimothée (Saint-Étienne), Traoré (Gueugnon), Witschge (Bordeaux).
6 buts : Cocard, Lamouchi, Saïb (Auxerre), Laurent (Bastia), Zidane (Bordeaux), Carnot (Guingamp), Tiéhi (Lens 1, Martigues 5), André (Rennes), Baticle (Strasbourg).
5 buts : Tasfaout (Auxerre), Tholot (Bordeaux), Micoud (Cannes), Sikora (Lens), Boutoille (Lille), Thuram, Viaud (Monaco), Der Zakarian, Pavon (Montpellier), Nouma (Paris SG).
4 buts : Dugarry, Dutuel (Bordeaux), Brunel (Gueugnon), Bertin, Daury, Samson (Le Havre), Boli (Lens), Simba (Lille), Giuly (Lyon), Mazzoncini, Sylla (Martigues), Kastendeuch, Mboma (Metz), Benarbia (Monaco), Ouédec (Nantes), Nagbe (Nice), Lebœuf, Sauzée (Strasbourg).
3 buts : Guivarc'h (Auxerre), Dogon, Lizarazu (Bordeaux), Capoue (Cannes), Friis-Hansen (Lille 1, Bordeaux 2), Chandioux, Garcia, Trivino (Gueugnon), Huysmans, Lagrande (Le Havre), Delmotte (Lens), Collot (Lille), Roche, Roy (Lyon), Flachez, Ichoua, Romano, Sow (Martigues), Blanchard (Metz), Henry, Ikpeba, Wreh (Monaco), Villareal (Montpellier), Cauet (Nantes), Chaouch (Nice), Cyprien (Rennes), Cuca, Séchet (Saint-Étienne), Gohel (Strasbourg).

Club par club

Auxerre

A domicile

Bat : Gueugnon (4-0), Cannes (5-1), Strasbourg (1-0), Rennes (2-1), Nice (2-1), Bastia (3-0), Montpellier (1-0), Le Havre (1-0), Lyon (2-0), Martigues (4-0), Paris SG (3-0), Bordeaux (2-0), Saint-Étienne (2-0), Nantes (2-1).
Nul avec : Metz (0-0).
Battu par : Lens (1-0), Lille (2-1), Guingamp (2-1), Monaco (2-1).

A l'extérieur

Bat : Le Havre (4-0), Lyon (1-0), Martigues (2-1), Bordeaux (1-0), Saint-Étienne (5-0), Cannes (1-0), Nice (3-1), Lille (4-0).
Nul avec : Monaco (2-2), Gueugnon (0-0), Lens (0-0), Bastia (1-1), Guingamp (1-1).
Battu par : Nantes (1-0), Montpellier (3-1), Metz (3-1), Paris SG (3-1), Strasbourg (1-0), Rennes (2-1).

Bastia

A domicile

Bat : Bordeaux (2-0), Monaco (2-1), Nantes (4-1), Cannes (2-1), Le Havre (1-0), Metz (1-0), Martigues (2-0), Lille (4-0), Lens (3-2), Montpellier (1-0).
Nul avec : Paris SG (2-2), Strasbourg (1-1), Saint-Étienne (0-0), Rennes (0-0), Lyon (0-0), Auxerre (1-1).
Battu par : Gueugnon (2-1), Guingamp (1-0), Nice (2-1).

A l'extérieur

Bat : Lille (2-0), Bordeaux (3-1).
Nul avec : Lyon (1-1), Monaco (0-0).
Battu par : Saint-Étienne (3-0), Guingamp (1-0), Lens (3-1), Rennes (2-0), Montpellier (4-3), Auxerre (3-0), Nice (3-1), Gueugnon (1-0), Nantes (3-1), Cannes (1-0), Le Havre (1-0), Strasbourg (4-3), Metz (2-0), Martigues (3-1), Paris SG (5-1).

Bordeaux

A domicile

Bat : Lille (1-0), Saint-Étienne (2-0), Nantes (3-0), Cannes (2-1), Montpellier (3-0), Nice (4-1), Guingamp (2-0), Gueugnon (3-1), Le Havre (3-1), Metz (4-0).
Nul avec : Lyon (1-1), Rennes (0-0), Strasbourg (1-1), Martigues (1-1), Lens (0-0), Paris SG (2-2).
Battu par : Monaco (4-2), Auxerre (1-0), Bastia (3-1).

A l'extérieur

Bat : Lille (2-0).
Nul avec : Gueugnon (2-2), Lens (0-0), Cannes (1-1).
Battu par : Bastia (2-0), Guingamp (1-0), Le Havre (1-0), Strasbourg (3-0), Metz (2-0), Martigues (3-1), Paris SG (3-0), Saint-Étienne (2-0), Nantes (2-0), Monaco (2-0), Montpellier (1-0), Lyon (1-0), Rennes (4-3), Auxerre (2-0), Nice (1-0).

Cannes

A domicile

Bat : Lyon (3-0), Lille (2-1), Saint-Étienne (2-0), Rennes (3-0), Martigues (2-1), Bastia (1-0), Guingamp (3-0), Gueugnon (2-0), Montpellier (2-1), Lens (5-2).

Nul avec : Monaco (1-1), Le Havre (0-0), Bordeaux (1-1).

Battu par : Metz (2-1), Paris SG (2-0), Nice (3-1), Nantes (2-0), Strasbourg (3-0), Auxerre (1-0).

A l'extérieur

Bat : Lille (2-0), Nice (2-1).

Nul avec : Gueugnon (1-1), Lens (1-1), Metz (0-0), Saint-Étienne (2-2), Le Havre (0-0), Lyon (1-1).

Battu par : Rennes (3-2), Martigues (2-1), Auxerre (5-1), Bordeaux (2-1), Bastia (2-1), Guingamp (2-0), Montpellier (3-1), Paris SG (2-1), Nantes (2-0), Monaco (1-0), Strasbourg (1-0).

Gueugnon

A domicile

Bat : Lille (3-1), Nice (1-0), Bastia (1-0), Saint-Étienne (1-0), Rennes (1-0).

Nul avec : Metz (0-0), Martigues (0-0), Bordeaux (2-2), Cannes (1-1), Auxerre (0-0), Guingamp (2-2), Monaco (2-2), Lyon (0-0).

Battu par : Paris SG (3-1), Nantes (1-0), Lens (1-0), Le Havre (1-0), Strasbourg (1-0), Montpellier (2-0).

A l'extérieur

Bat : Bastia (2-1), Le Havre (2-0), Metz (2-1).

Nul avec : Guingamp (0-0), Monaco (0-0), Montpellier (2-2), Lyon (0-0), Paris SG (1-1), Strasbourg (0-0).

Battu par : Auxerre (4-0), Nice (3-1), Saint-Étienne (2-0), Rennes (2-1), Martigues (3-0), Bordeaux (3-1), Lille (2-0), Nantes (1-0), Lens (2-0), Cannes (2-0).

Guingamp

A domicile

Bat : Martigues (2-0), Bordeaux (1-0), Bastia (1-0), Cannes (2-0), Lyon (1-0), Saint-Étienne (3-0), Nantes (3-1), Strasbourg (3-0), Lens (1-0).

Nul avec : Nice (0-0), Montpellier (0-0), Gueugnon (0-0), Le Havre (2-2), Metz (0-0), Paris SG (0-0), Monaco (0-0), Rennes (0-0), Auxerre (1-1).

Battu par : Lille (1-0).

A l'extérieur

Bat : Lille (3-0), Lens (1-0), Auxerre (2-1), Bastia (1-0).

Nul avec : Paris SG (1-1), Nantes (0-0), Strasbourg (0-0), Gueugnon (2-2), Lyon (1-1).

Battu par : Saint-Étienne (4-0), Monaco (1-0), Rennes (3-0), Nice (2-1), Bordeaux (2-0), Montpellier (2-1), Cannes (3-0), Le Havre (1-0), Metz (3-0), Martigues (2-1).

Le Havre

A domicile

Bat : Lyon (2-1), Bordeaux (1-0), Martigues (1-0), Monaco (2-1), Strasbourg (2-0), Lille (4-1), Bastia (1-0), Guingamp (1-0).

Nul avec : Metz (0-0), Saint-Étienne (2-2), Montpellier (2-2), Rennes (0-0), Paris SG (1-1), Nice (0-0), Cannes (0-0), Lens (1-1).

Battu par : Auxerre (4-0), Nantes (1-0), Gueugnon (2-0).

A l'extérieur

Bat : Nice (2-1), Gueugnon (1-0), Martigues (1-0).

Nul avec : Guingamp (2-2), Cannes (0-0), Saint-Étienne (1-1), Nantes (1-1).

Battu par : Lens (2-0), Strasbourg (3-0), Rennes (1-0), Paris SG (2-0), Lille (2-0), Bastia (1-0), Lyon (3-2), Metz (2-1), Auxerre (1-0), Bordeaux (3-1), Monaco (2-1), Montpellier (2-0).

Lens

A domicile

Bat : Le Havre (2-0), Rennes (1-0), Bastia (3-1), Paris SG (3-1), Martigues (2-0), Metz (2-0), Nantes (2-1), Gueugnon (2-0), Saint-Étienne (3-0), Monaco (2-1), Montpellier (2-1).

Nul avec : Strasbourg (0-0), Lyon (2-2), Bordeaux (0-0), Cannes (1-1), Auxerre (0-0), Nice (0-0), Lille (1-1).

Battu par : Guingamp (1-0).

A l'extérieur

Bat : Auxerre (1-0), Lille (3-1), Gueugnon (1-0), Strasbourg (2-1), Martigues (1-0).

Nul avec : Nice (1-1), Nantes (1-1), Saint-Étienne (1-1), Monaco (1-1), Montpellier (0-0), Lyon (0-0), Bordeaux (0-0), Le Havre (1-1).

Battu par : Metz (2-0), Rennes (2-1), Bastia (3-2), Paris SG (1-0), Guingamp (1-0), Cannes (5-2).

Lille

A domicile

Bat : Le Havre (2-0), Strasbourg (2-0), Gueugnon (2-0), Nice (1-0), Lyon (2-1).

Nul avec : Nantes (0-0), Metz (0-0), Martigues (0-0), Paris SG (0-0), Saint-Étienne (1-1), Monaco (0-0), Montpellier (1-1), Rennes (0-0).

Battu par : Bastia (2-0), Guingamp (3-0), Lens (3-1), Cannes (2-0), Auxerre (4-0), Bordeaux (2-0).

A l'extérieur

Bat : Auxerre (2-1), Guingamp (1-0), Nantes (2-1), Paris SG (1-0).

Nul avec : Saint-Étienne (1-1), Montpellier (0-0), Lyon (1-1), Lens (1-1).

Battu par : Bordeaux (1-0), Cannes (2-1), Monaco (2-1), Gueugnon (3-1), Rennes (3-1), Nice (2-1), Bastia (4-0), Le Havre (4-1), Strasbourg (2-0), Metz (2-0), Martigues (1-0).

Lyon

A domicile

Bat : Montpellier (3-2), Saint-Étienne (2-1), Le Havre (3-2), Martigues (5-1), Nice (1-0), Bordeaux (1-0), Cannes (1-0).

Nul avec : Strasbourg (1-1), Metz (1-1), Paris SG (0-0), Bastia (1-1), Gueugnon (0-0), Lille (1-1), Lens (0-0), Rennes (2-2), Nantes (1-1), Guingamp (1-1), Monaco (3-3).

Battu par : Auxerre (1-0).

A l'extérieur

Bat : Martigues (2-1), Monaco (2-0), Metz (1-0).

Nul avec : Lens (2-2), Bordeaux (1-1), Nantes (0-0), Strasbourg (2-2), Sant-Étienne (1-1), Bastia (0-0), Gueugnon (0-0).

Battu par : Cannes (3-0), Le Havre (2-1), Rennes (1-0), Nice (1-0), Guingamp (1-0), Montpellier (2-1), Auxerre (2-0), Paris SG (2-0), Lille (2-1).

Martigues

A domicile

Bat : Cannes (2-1), Bordeaux (3-1), Gueugnon (3-0), Strasbourg (2-0), Lille (1-0), Bastia (3-1), Guingamp (2-1).

Nul avec : Saint-Étienne (1-1), Nice (0-0).

Battu par : Nantes (4-0), Montpellier (1-0), Lyon (2-1), Metz (1-0), Auxerre (2-1), Paris SG (4-2), Monaco (4-0), Rennes (2-1), Le Havre (1-0), Lens (1-0).

A l'extérieur

Bat : Monaco (1-0), Rennes (3-1).

Nul avec : Gueugnon (0-0), Lille (0-0), Bordeaux (1-1), Paris SG (0-0), Saint-Étienne (2-2).

Battu par : Guingamp (2-0), Strasbourg (2-0), Le Havre (1-0), Lens (1-0), Nice (1-0), Bastia (2-0), Nantes (3-0), Cannes (2-1), Montpellier (2-0), Lyon (2-1), Metz (2-0), Auxerre (4-0).

Metz

A domicile

Bat : Lens (2-0), Montpellier (1-0), Strasbourg (3-2), Auxerre (3-1), Bordeaux (2-0), Le Havre (2-1), Martigues (2-0), Nice (4-0), Lille (2-0), Bastia (2-0), Guingamp (3-0).

Nul avec : Rennes (0-0), Nantes (0-0), Cannes (0-0).

Battu par : Paris SG (3-0), Saint-Étienne (2-1), Lyon (1-0), Monaco (3-0), Gueugnon (2-1).

A l'extérieur

Bat : Cannes (2-1), Monaco (1-0), Martigues (1-0), Nice (1-0), Montpellier (2-1), Strasbourg (2-1), Paris SG (3-2).

Nul avec : Gueugnon (0-0), Le Havre (0-0), Lyon (1-1), Lille (0-0), Guingamp (0-0), Rennes (0-0), Auxerre (0-0), Saint-Étienne (1-1).

Battu par : Bastia (1-0), Lens (2-0), Bordeaux (4-0), Nantes (4-0).

Monaco

A domicile

Bat : Rennes (3-1), Lille (2-1), Guingamp (1-0), Montpellier (3-1), Nice (1-0), Bordeaux (2-0), Paris SG (1-0), Saint-Étienne (2-0), Nantes (4-1), Cannes (1-0), Le Havre (2-1), Strasbourg (5-1).

Nul avec : Auxerre (2-2), Gueugnon (0-0), Lens (1-1), Bastia (0-0).

Battu par : Martigues (1-0), Metz (1-0), Lyon (2-0).

A l'extérieur

Bat : Nice (2-1), Bordeaux (4-2), Saint-Étienne (4-2), Auxerre (2-1), Martigues (4-0), Metz (3-0), Rennes (3-2).

Nul avec : Nantes (2-2), Cannes (1-1), Lille (0-0), Guingamp (0-0), Gueugnon (2-2), Montpellier (0-0), Lyon (3-3).

Battu par : Bastia (2-1), Paris SG (2-1), Le Havre (2-1), Strasbourg (2-0), Lens (2-1).

Montpellier

A domicile

Bat : Rennes (3-1), Auxerre (3-1), Paris SG (1-0), Bastia (4-3), Cannes (3-1), Lyon (2-1), Martigues (2-0), Bordeaux (3-0), Guingamp (2-1), Saint-Étienne (1-0), Nantes (1-0), Le Havre (2-0).

Nul avec : Strasbourg (2-2), Lille (0-0), Gueugnon (2-2), Lens (0-0), Monaco (0-0).

Battu par : Nice (1-0), Metz (2-1).

A l'extérieur

Bat : Martigues (1-0), Saint-Étienne (2-0), Nice (2-1), Paris SG (3-2), Gueugnon (2-0).

Nul avec : Guingamp (0-0), Le Havre (2-2), Rennes (1-1), Lille (1-1).

Battu par : Lyon (3-2), Metz (1-0), Bordeaux (3-0), Monaco (3-1), Nantes (1-0), Auxerre (1-0), Bastia (1-0), Cannes (2-1), Lens (2-1), Strasbourg (1-0).

Nantes

A domicile

Bat : Auxerre (1-0), Nice (1-0), Montpellier (1-0), Martigues (3-0), Bordeaux (2-0), Bastia (3-1), Gueugnon (1-0), Cannes (2-0), Strasbourg (2-0), Metz (1-0).

Nul avec : Saint-Étienne (2-2), Guingamp (0-0), Lens (1-1), Monaco (2-2), Lyon (0-0), Le Havre (1-1), Rennes (2-2).
Battu par : Paris SG (2-1), Lille (2-1).
A l'extérieur
Bat : Martigues (4-0), Gueugnon (1-0), Cannes (2-0), Le Havre (1-0).
Nul avec : Lille (0-0), Strasbourg (1-1), Metz (0-0), Saint-Étienne (0-0), Lyon (1-1), Rennes (2-2).
Battu par : Bordeaux (3-0), Bastia (4-1), Paris SG (5-0), Nice (1-0), Guingamp (3-1), Lens (2-1), Monaco (4-1), Montpellier (1-0), Auxerre (2-1).

Nice

A domicile
Bat : Gueugnon (3-1), Lyon (1-0), Martigues (1-0), Lille (2-1), Bastia (3-1), Guingamp (2-1), Nantes (1-0), Bordeaux (1-0), Saint-Étienne (2-0).
Nul avec : Lens (1-1), Strasbourg (2-2), Rennes (0-0).
Battu par : Monaco (2-1), Le Havre (2-1), Metz (1-0), Montpellier (2-1), Cannes (2-1), Auxerre (3-1), Paris SG (2-1).
A l'extérieur
Bat : Montpellier (1-0), Cannes (3-1), Bastia (2-1).
Nul avec : Saint-Étienne (1-1), Guingamp (0-0), Strasbourg (1-1), Lens (0-0), Le Havre (0-0), Martigues (0-0).
Battu par : Nantes (1-0), Auxerre (2-1), Rennes (1-0), Paris SG (3-2), Bordeaux (4-1), Monaco (1-0), Gueugnon (1-0), Lyon (1-0), Metz (4-0), Lille (1-0).

Paris SG

A domicile
Bat : Saint-Étienne (4-0), Le Havre (2-0), Monaco (2-1), Strasbourg (2-0), Auxerre (3-1), Nice (3-2), Bordeaux (3-0), Nantes (5-0), Cannes (2-1), Lens (1-0), Lyon (2-0), Bastia (5-1).
Nul avec : Guingamp (1-1), Rennes (1-1), Gueugnon (1-1), Martigues (0-0).
Battu par : Montpellier (3-2), Metz (3-2), Lille (1-0).
A l'extérieur
Bat : Nantes (2-1), Gueugnon (3-1), Cannes (2-0), Metz (3-0), Martigues (4-2), Rennes (1-0), Nice (2-1).
Nul avec : Bastia (2-2), Lyon (0-0), Lille (0-0), Guingamp (0-0), Saint-Étienne (1-1), Le Havre (1-1), Bordeaux (2-2).
Battu par : Montpellier (1-0), Lens (3-1), Monaco (1-0), Strasbourg (1-0), Auxerre (3-0).

Rennes

A domicile
Bat : Cannes (3-2), Le Havre (1-0), Lyon (1-0), Bastia (2-0), Lille (3-1), Nice (1-0), Guingamp (3-0), Gueugnon (2-1), Lens (2-1), Auxerre (2-1), Bordeaux (4-3), Saint-Étienne (3-0).
Nul avec : Montpellier (1-1), Strasbourg (0-0), Metz (0-0), Nantes (2-2).
Battu par : Martigues (3-1), Paris SG (1-0), Monaco (3-2).
A l'extérieur
Bat : Martigues (2-1).
Nul avec : Metz (0-0), Paris SG (1-1), Bordeaux (0-0), Saint-Étienne (0-0), Nantes (2-2), Le Havre (0-0), Lyon (2-2), Bastia (0-0), Lille (0-0), Nice (0-0), Guingamp (0-0).
Battu par : Monaco (3-1), Montpellier (3-1), Strasbourg (3-1), Lens (1-0), Auxerre (2-1), Cannes (3-0), Gueugnon (1-0).

Saint-Étienne

A domicile
Bat : Bastia (3-0), Guingamp (4-0), Gueugnon (2-0), Bordeaux (2-0), Strasbourg (2-0).
Nul avec : Nice (1-1), Lille (1-1), Lens (1-1), Rennes (0-0), Paris SG (1-1), Nantes (0-0), Cannes (2-2), Lyon (1-1), Le Havre (1-1), Metz (1-1), Martigues (2-2).
Battu par : Monaco (4-2), Montpellier (2-0), Auxerre (5-0).
A l'extérieur
Bat : Metz (2-1).
Nul avec : Nantes (2-2), Le Havre (2-2), Martigues (1-1), Lille (1-1), Bastia (0-0).
Battu par : Bordeaux (2-0), Paris SG (4-0), Cannes (2-0), Lyon (2-1), Strasbourg (3-1), Guingamp (3-0), Gueugnon (1-0), Monaco (2-0), Montpellier (1-0), Lens (3-0), Rennes (3-0), Auxerre (2-0), Nice (2-0).

Strasbourg

A domicile
Bat : Le Havre (3-0), Rennes (3-1), Martigues (2-0), Bordeaux (3-0), Saint-Étienne (3-1), Monaco (2-0), Auxerre (1-0), Paris SG (1-0), Lille (2-0), Bastia (4-3), Cannes (1-0), Montpellier (1-0).
Nul avec : Nice (1-1), Guingamp (0-0), Nantes (1-1), Lyon (2-2), Gueugnon (0-0).
Battu par : Lens (2-1), Metz (2-1).
A l'extérieur
Bat : Cannes (3-0), Gueugnon (1-0).
Nul avec : Montpellier (2-2), Lens (0-0), Lyon (1-1), Bastia (1-1), Rennes (0-0), Nice (2-2), Bordeaux (1-1).
Battu par : Metz (3-2), Auxerre (1-0), Paris SG (2-0), Lille (2-0), Le Havre (2-0), Martigues (2-0), Guingamp (3-0), Saint-Étienne (2-0), Nantes (2-0), Monaco (5-1).

Championnat de France de Deuxième Division

	Pts	J	G	N	P	bp	bc	Dif
1. Caen	81	42	24	9	9	59	34	+25
2. Marseille	80	42	23	11	8	69	35	+34
3. Nancy	76	42	20	16	6	56	23	+33
4. Laval	72	42	21	9	12	52	46	+6
5. Toulouse	63	42	18	9	15	40	34	+6
6. Le Mans	62	42	15	17	10	37	36	+1
7. Red Star	61	42	16	13	13	56	38	+18
8. Perpignan	61	42	17	10	15	44	53	−9
9. Châteauroux	60	42	16	12	14	40	35	+5
10. Sochaux	59	42	15	14	13	49	40	+9
11. Louhans-Cuiseaux	58	42	16	10	16	57	49	+8
12. Lorient	58	42	16	10	16	44	46	−2
13. Amiens	54	42	13	15	14	43	49	−6
14. Mulhouse	51	42	13	12	17	44	45	−1
15. Valence	51	42	11	18	13	34	42	−8
16. Niort	50	42	13	11	18	48	50	−2
17. Charleville	48	42	11	15	16	34	54	−20
18. Épinal	45	42	9	18	15	41	46	−5
19. Poitiers	45	42	9	18	15	36	50	−14
20. Dunkerque	43	42	9	16	17	30	43	−13
21. Angers	37	42	7	16	19	31	53	−22
22. Alès	25	42	4	13	25	29	72	−43

NDLR : Caen, champion de France de Deuxième Division.
Caen, Marseille et Nancy : promus en Première Division.
Poitiers, Dunkerque, Angers et Alès : relégués en Nationale 1.

Championnat de France Nationale 1

Groupe A

1. Saint-Brieuc 67
2. Troyes 66
3. Valenciennes 56
4. Sedan 46
5. Saint-Leu 45
6. Châtellerault 44
7. Thouars 43
8. Aubervilliers 42
9. Fécamp 40
10. Quimper 40
11. Wasquehal 38
12. Noisy-le-Sec 37
13. Brest 35
14. Évry 35
15. Avranches 30
16. La Roche-sur-Yon 30
17. Haguenau 23

Groupe B

1. Toulon 68
2. Beauvais 62
3. Angoulême 62
4. Istres 56
5. Créteil 54
6. Grenoble 51
7. Ajaccio 51
8. Fréjus 47
9. Besançon 43
10. Paris FC 42
11. Rodez 42
12. L'Ile-Rousse 40
13. Sète 39
14. Nîmes 38
15. Trélissac 38
16. Dijon 36
17. Muret 26
18. Brive 25

Coupe de France

32es de finale

Auxerre bat Lyon 1-0 ; Monaco bat Lens 1-0 a.p. ; Nancy bat Rennes 2-1 ; Valence bat Gueugnon 2-1 ; Cannes bat Perpignan 5-1 ; Niort bat Guingamp 2-2 (7 tirs au but à 6) ; Paris SG bat Châteauroux 3-1 ; Lille bat Saint-Leu 1-0 ; Strasbourg bat Valenciennes 2-1 a.p. ; Nice bat Brest 1-1 (4 tirs au but à 3) ; Metz bat Charnay 3-1 ; Martigues bat La Flèche 3-1 ; Bordeaux bat Pont-de-Roide 4-1 ; Blénod bat Bastia 1-0 ; Nantes bat Saint-Quentin 7-1 ; Saint-Étienne bat Saintes 5-0 ; Le Havre bat Salbris 3-0 ; Montpellier bat Pacy-sur-Eure 2-1 ; Sochaux bat Laon 3-1 ; Laval bat Poitiers 4-1 ; Caen bat Amiens 3-2 a.p. ; Le Mans bat Créteil 1-0 ; Mulhouse bat Hagueneau 3-2 a.p. ; Angers bat Saint-Lô 3-1 ; Olympique de Marseille bat Endoume Marseille 2-0 ; Toulon bat Pau 2-1 ; Pontivy bat Trélissac 2-0 ; Nîmes bat Saint-Priest 3-1 ; Istres bat Toulouse-Fontaines 1-0 ; Thouars bat Nozay 2-0 ; Dijon bat Marienau 4-1 ; Poissy bat Raon-l'Étape 1-0.

16es de finale

Monaco bat Nantes 2-2 a.p. (5 tirs au but à 4) ; Auxerre bat Le Mans 2-0 ; Lille bat Nancy 0-0 a.p. (4 tirs au but à 2) ; Caen bat Metz 1-0 ; Sochaux bat Cannes 1-0 ; Paris SG bat Angers 2-0 ; Laval bat Nice 1-0 a.p. ; Montpellier bat Istres 1-0 ; Thouars bat Martigues 1-0 a.p. ; Toulon bat Bordeaux 3-2 a.p. ; Nîmes bat Saint-Étienne 3-1; Strasbourg bat Poissy 0-0 a.p. (4 tirs au but à 2) ; Blénod bat Le Havre 1-1 (4 tirs au but à 3) ; Niort bat Mulhouse 1-1 a.p. (4 tirs au but à 3) ; Valence bat Dijon 3-0 ; Marseille bat Pontivy 2-0.

8es de finale

Montpellier bat Toulon 1-1 a.p. (4 tirs au but à 1) ; Strasbourg bat Niort 1-0 ; Valence bat Laval 1-0 ; Caen bat Sochaux 5-0 ; Marseille bat Blénod 2-0 ; Auxerre bat Paris SG 3-1 ; Lille bat Monaco 1-1 a.p. (5 tirs au but à 4) ; Nîmes bat Thouars 2-0.

Quarts de finale

Marseille bat Lille 1-0 ;
Montpellier bat Caen 1-0 ;
Auxerre bat Valence 2-0 ;
Nîmes bat Strasbourg 3-2 a.p.

Demi-finales

Auxerre bat Marseille 1-1 a.p. (3 tirs au but à 1)
Nîmes bat Montpellier 1-0.

FINALE

Le 4 mai, au Parc des Princes
Auxerre bat Nîmes 2-1.
44 921 spectateurs.
Arbitre : M. Saules.
Buts : Blanc (53e), Laslandes (88e) pour Auxerre, Belbey (26e) pour Nîmes.
AUXERRE : Charbonnier – Goma, Blanc, West, Rabarivony – Violeau, Saïb puis Cocard (87e), Martins, Lamouchi – Laslandes, Diomède.
NÎMES : Sence – Touron, Bochu, Preget, Ecker – Jeunechamp puis Gros (90e), Zugna puis Vosalho (35e), Belbey, Perez – Ramdane puis Sabin (69e), Marx.

Coupe de l'UEFA

Tour préliminaire

Oerebro SK-Avenir Beggen 0-0 et 1-1 ; Viking FK-TPV Tampere 4-0 et 3-1 ; Widzew Lodz-Bangor City 4-0 et 1-0 ; Brondby IF-Inkaras-Grifas 3-0 et 3-0 ; Lillestroem SK-FC Flora Tallinn 4-0 et 0-1 ; Mypa 47-Motherwell FC 3-1 et 0-2 ; Maribor Branik-Skonto Riga 0-1 et 2-0 ; Slavia Prague-SK Sturm Graz 1-0 et 1-1 ; Slovan Bratislava-NK Osijek 4-0 et 2-0 ; Silkeborg IF-Crusaders FC 2-1 et 4-0 ; RAF Riga-Afan Lido FC 2-1 et 0-0 ; Raith Rovers-Gotu Itrottarfelag 4-0 et 2-2 ; Olympiakos FC-FC Slavia Sofia 2-0 et 1-0 ; FC Zimbru Chisinau-Hapoël Tel-Aviv 2-0 et 0-0 ; Sparta Prague-Galatasaray 3-1 et 1-1 ; Omonia Nicosie-Sliema Wanderers 3-0 et 2-1 ; Ujpest Toma Egylet-FC Kosice 2-1 et 1-0 ; Dinamo Minsk-Universitatea Craiova 0-0 et 0-0 a.p. (3 tirs au but à 1) ; Fenerbahce-Dinamo FC Partizan 2-0 et 4-0 ; FC Vardar-FC Samtredia 1-0 et 2-0 ; Botev Plovdiv-Dinamo Tbilissi 1-0 et 1-0 ; Olimpjia Ljubljana-Apollon Athènes 0-1 et 3-1 ; Neuchâtel Xamax-Étoile Rouge 1-0 et 0-0 ; Tchernomorets Odessa-Hibernians FC 5-2 et 2-0 ; Austria Vienne-Kapaz Ganja 4-0 et 5-1 ; Hapoël Beer Sheva-FC Tirana 1-0 et 2-0 ; FC Levski Sofia-Dinamo Bucarest 1-0 et 1-1 a.p. ; Zaglebie Lubin-Shirak Erevan 0-0 et 1-0 ; RC Strasbourg-FC Tyrol Innsbruck 1-1 et 6-1 ; Bordeaux-Karlsruhe 2-0 et 2-2 ; IA Akranes FC-Shelbourne FC 3-0 et 3-0 ; Glenavon-FH Hafnarfjordur 0-0 et 1-0 ; FC Lugano-AS Jeunesse d'Esch 0-0 et 4-0 ; Malmoe FF-Dundalk FC 2-0 et 2-0.

32es de finale

Milan AC-Zaglebie Lubin 4-0 et 4-1 ; Brondby-Lillestroem 3-0 et 0-0 ; Slavia Prague-Fribourg 2-1 et 0-0 ; Raith Rovers FC-Akranes FC 3-1 et 0-1 ; SV Roda JC Kerkrade-Olimpjia Ljubljana 5-0 et 0-2 ; Olympique Lyonnais-Farense 1-0 et 1-0 ; Zimbrul Chisinau-RAF Riga 1-0 et 2-1 ; AS Rome-Neuchâtel Xamax 1-1 et 4-0 ; FC Séville-FC Botev Plovdiv 2-0 et 1-1 ; Dinamo Minsk-FK Austria Memphis 2-1 et 1-0 ; Vitoria SC Guimaraes-Standard Liège 3-1 et 0-0 ; Nottingham Forest-Malmö 1-2 et 1-0 ; Chernomorets-Widzew Lodz 1-0 et 0-1 a.p. (6 tirs au but à 5) ; Rotor Volgograd-Manchester United 0-0 et 2-2 ; Sparta Prague-Silkeborg IF 0-1 et 2-1 ; Bayern Munich-Lokomotiv Moscou 0-1 et 5-0 ; Liverpool-Spartak Vladikavkaz 2-1 et 0-0 ; Leeds United-AS Monaco 3-0 et 0-1 ; Eendracht Alost-Levski Sofia 2-1 et 1-0 ; Kaiserslautern-Slovan Bratislava 1-2 et 3-0 ; AJ Auxerre-Viking Stavanger 1-1 et 1-0 ; PSV Eindhoven-MyPa-47 1-1 et 7-1 ; Lazio Rome-Omonia Nicosie 5-0 et 2-1 ; FC Lugano-Inter Milan 1-1 et 1-0 ; Olympiakos-Maribor Branik 2-0 et 3-1 ; Benfica Lisbonne-Lierse 3-1 et 2-1 ; FC Barcelone-Hapöel Beer Sheva 7-0 et 5-0 ; Real Betis-Fenerbahce 2-1 et 2-0 ; Werder Brême-Glenavon 2-2 et 5-0 ; RC Lens-Avenir Beggen 6-0 et 7-0 ; RC Strasbourg-Ujpest TE 3-0 et 2-0 ; Girondins Bordeaux-FC Vardar 2-0 et 1-1.

16es de finale

Sparta Prague-Zimbrul Chisinau 4-3 et 2-0 ; Benfica-SV Roda JC 1-0 et 2-2 ; Werder Brême-Dinamo Minsk 5-0 et 1-2 ; Slavia Prague-FC Lugano 2-1 et 1-0 ; Nottingham Forest-AJ Auxerre 1-0 et 0-0 ; Bayern Munich-Raith Rovers 2-0 et 2-1 ; Brondby-Liverpool 0-0 et 1-0 ; AS Rome-Alost 4-0 et 0-0 ; PSV Eindhoven-Leeds United 5-3 et 3-0 ; Olympique Lyonnais-Lazio Rome 2-1 et 2-0 ; FC Séville-Olympiakos 0-1 et 1-2 a.p. ; Bordeaux-Rotor Volgograd 2-1 et 1-0 ; FC Barcelone-Vitoria SC Guimaraes 3-0 et 4-0 ; Lens-Chernomorets Odessa 0-0 et 4-0 ; Betis Séville-Kaiserslautern 3-1 et 1-0 ; Milan AC-Strasbourg 1-0 et 2-1.

8es de finale

PSV Eindhoven-Werder Brême 2-1 et 0-0 ; Nottingham Forest-Olympique Lyonnais 1-0 et 0-0 ; AS Rome-Brondby 1-2 et 3-1 ; FC Barcelone-FC Séville 1-1 et 3-1 ; Bayern Munich-Benfica Lisbonne 4-1 et 3-1 ; Bordeaux-Real Betis Séville 2-0 et 1-2 ; Milan AC-Sparta Prague 2-0 et 0-0 ; Slavia Prague-Lens 2-0 et 0-0.

Quarts de finale

FC Barcelone-PSV Eindhoven 2-2 et 3-2
Slavia Prague-AS Rome 2-0 et 1-3 a.p.
Bordeaux-Milan AC 0-2 et 3-0
Bayern Munich-Nottingham Forest 2-1 et 5-1

Demi-finales

Bordeaux-Slavia Prague 1-0 et 1-0
Bayern Munich-FC Barcelone 2-2 et 2-1

FINALE

Bayern Munich bat Bordeaux 2-0 et 3-1

• Finale aller

Le 1er mai, à Munich
Bayern Munich bat Bordeaux 2-0
63 000 spectateurs.
Arbitre : M. Muhmenthaler (Sui.).
Buts : Helmer (34e), Scholl (60e).

Les équipes

BAYERN MUNICH : Kahn – Babbel, Kreuzer, Matthaeus (cap.) puis Frey (54e), Helmer, Ziege – Hamann, Sforza, Scholl – Papin puis Witeczek (69e), Klinsmann.
BORDEAUX : Huard – Grenet, Dogon, Friis-Hansen, Lizarazu (cap.) – Croci, Lucas, Dutuel, Witschge – Bancarel, Tholot puis Anselin (89e).

• Finale retour

Le 15 mai, à Bordeaux
Bayern Munich bat Bordeaux 3-1
35 000 spectateurs.
Arbitre : M. Zhuk (Blr.).
Buts : Dutuel (75e) pour Bordeaux ; Scholl (53e), Kostadinov (65e), Klinsmann (77e) pour le Bayern.

Les équipes

BORDEAUX : Huard – Bancarel, Dogon, Friis-Hansen, Lizarazu (cap.) puis Anselin (30e) – Croci puis Dutuel (57e), Zidane, Witschge, Lucas puis Grenet (80e) – Tholot, Dugarry.
BAYERN MUNICH : Kahn – Strunz, Babbel, Matthaeus (cap.), Helmer, Ziege – Frey puis Zickler (61e), Scholl, Sforza – Kostadinov puis Witeczek (75e), Klinsmann.

Coupe d'Europe des vainqueurs de Coupe

Tour préliminaire

Reykjavik FC-CS Grevenmacher 2-3 et 2-0 ; FC Sion-Tiligul Tiraspol 0-0 et 3-2 ; FC Sileks-VAC Samsung 1-1 et 3-1 ; FC Teuta-TPS Turku 0-1 et 3-0 ; SK Hradrec Kralove-FC Vaduz 5-0 et 9-1 ; Apoël Nicosie-Neftchi Bakou 3-0 et 0-0 ; FC Petrolul Ploiesti-Wrexham 0-0 et 1-0 ; Inter Bratislava-FC La Valette 0-0 et 5-2 ; Chakhtior Donetsk-Linfield FC 4-1 et 1-0 ; Jalguiris Vilnius-NK Mura 2-0 et 1-2 ; Ararat Erevan-GKS Katowice 2-0 et 0-2 a.p. (5 tirs au but à 4) ; Dinamo Batumi-FC Obilic 1-0 et 2-2 ; FC Locomotiv Sofia-Derry City FC 0-1 et 2-0 ; M. Haïfa-Klakksvikar Itrottarfelag 4-0 et 2-3 ; Molde FK-Dinamo 93 Minsk 1-1 et 2-1 ; DAG Liepaja-FC Lantana 3-0 et 0-0.

16es de finale

SK Hradrec Kralove-FC Copenhague 5-0 et 2-2 ; Parme AC-FC Teuta 2-0 et 2-0 ; Celtic Glasgow-Dinamo Batumi 3-2 et 4-0 ; Dinamo Moscou-Ararat Erevan 3-1 et 1-0 ; Halmstad BK-FC Lokomotiv Sofia 1-3 et 2-0 ; Feyenoord Rotterdam-DAG Liepaja 7-0 et 6-0 ; FC Bruges-Chakhtior Donetsk 1-0 et 1-1 ; Trabzonspor-Jalguiris Vilnius 2-2 et 1-0 ; D. La Corogne-Apoël Nicosie 0-0 et 8-0 ; Rapid Vienne-Petrolul Ploiesti 3-1 et 0-0 ; Paris SG-Molde FK 3-2 et 3-0 ; Mönchengladbach-FC Sileks 3-0 et 3-2 ; AEK Athènes-FC Sion 2-0 et 2-2 ; Sporting Lisbonne-Maccabi Haïfa 4-0 et 0-0 ; Everton-FC Reykjavik 3-2 et 3-1 ; Real Saragosse-Inter Bratislava 2-0 et 3-1.

8es de finale

Rapid Vienne-Sporting Lisbonne 0-2 et 4-0 a.p. ; Dinamo Moscou – Hradrec Kralove 1-0 et 0-1 a.p. (3 tirs au but à 1) ; Parme AC-Halmstad BK 0-3 et 4-0 ; Paris SG-Celtic Glasgow 1-0 et 3-0 ; Real Saragosse-FC Bruges 2-1 et 0-1 ; Mönchengladbach-AEK Athènes 4-1 et 1-0 ; Feyenoord Rotterdam-Everton 0-0 et 1-0 ; Deportivo La Corogne-Trabzonspor 1-0 et 3-0.

Quarts de finale

Paris SG-Parme 0-1 et 3-1
Rapid Vienne-Dinamo Moscou 1-0 et 3-0
Feyenoord Rotterdam-Mönchengladbach 2-2 et 1-0
Deportivo La Corogne-Real Saragosse 1-0 et 1-1

Demi-finales

Rapid Vienne-Feyenoord Rotterdam 1-1 et 3-0
Paris SG-Deportivo La Corogne 1-0 et 1-0

FINALE

Le 8 mai, à Bruxelles
Paris SG bat Rapid Vienne 1-0
37 500 spectateurs.
Arbitre : M. Pairetto (Ita.).
But : N'Gotty (28e).

Les équipes

PARIS SG : Lama (cap.) – Roche, Le Guen, N'Gotty – Fournier puis Llacer (76e), Guérin, Bravo, Colleter – Djorkaeff – Loko, Rai puis Dely Valdes (12e).
RAPID VIENNE : Konsel (cap.) – Ivanov – Hatz, Schoettel, Guggi – Heraf, Kuehbauer, Stoeger, Marasek – Jancker, Stumpf puis Barisic (46e).

Coupe d'Europe des clubs champions

Tour préliminaire

Grasshoppers Zurich-Maccabi Tel-Aviv 1-1 et 0-1
Glasgow Rangers-Anorthosis Famagouste 1-0 et 0-0
Legia Varsovie-IFK Göteborg 1-0 et 2-1
Steaua Bucarest-Casino Salzbourg 0-0 et 1-0
Dynamo Kiev-Aalborg BK 1-0 et 3-1
Rosenborg BK-Besiktas JK 3-0 et 1-3
Ferencvaros-RSC Anderlecht 1-0 et 1-1
Panathinaïkos Athènes-Hajduk Split 0-0 et 1-1

Groupe A

FC Nantes-FC Porto 0-0
Panathinaïkos Athènes-FC Nantes 3-1
FC Porto-Aalborg 2-0
FC Porto-Panathinaïkos Athènes 0-1
FC Nantes-Aalborg 3-1
Aalborg-Panathinaïkos Athènes 2-1
Panathinaïkos Athènes-FC Porto 0-0
Aalborg-FC Nantes 0-2
Panathinaïkos Athènes-Aalborg 2-0
FC Porto-FC Nantes 2-2
FC Nantes-Panathinaïkos Athènes 0-0
Aalborg-FC Porto 2-2

Groupe B

Legia Varsovie-Rosenborg BK 3-1
Blackburn Rovers-Spartak Moscou 0-1
Spartak Moscou-Legia Varsovie 2-1
Rosenborg BK-Blackburn Rovers 2-1
Legia Varsovie-Blackburn Rovers 1-0
Rosenborg-Spartak Moscou 2-4
Spartak Moscou-Rosenborg BK 4-1
Blackburn Rovers-Legia Varsovie 0-0
Spartak Moscou-Blackburn Rovers 3-0
Rosenborg BK-Legia Varsovie 4-0
Legia Varsovie-Spartak Moscou 0-1
Blackburn Rovers-Rosenborg BK 4-1

Classement Groupe A	Pts	J	G	N	P	bp	bc	Dif
1. **Panathinaïkos Athènes** (Grèce)	11	6	3	2	1	7	3	+4
2. **FC Nantes** (France)	9	6	2	3	1	8	6	+2
3. FC Porto (Portugal)	7	6	1	4	1	6	5	+1
4. Aalborg (Danemark)	4	6	1	1	4	5	12	–7

Classement Groupe B	Pts	J	G	N	P	bp	bc	Dif
1. **Spartak Moscou** (Russie)	18	6	6	0	0	15	4	+11
2. **Legia Varsovie** (Pologne)	7	6	2	1	3	5	8	–3
3. Rosenborg BK (Norvège)	6	6	2	0	4	11	16	–5
4. Blackburn Rovers (Angleterre)	4	6	1	1	4	5	8	–3

Groupe C

Borussia Dortmund-Juventus Turin 1-3
Steaua Bucarest-Glasgow Rangers 1-0
Glasgow Rangers-Borussia Dortmund 2-2
Juventus Turin-Steaua Bucarest 3-0
Borussia Dortmund-Steaua Bucarest 1-0
Juventus Turin-Glasgow Rangers 4-1
Glasgow Rangers-Juventus Turin 0-4
Steaua Bucarest-Borussia Dortmund 0-0
Glasgow Rangers-Steaua Bucarest 1-1
Juventus Turin-Borussia Dortmund 1-2
Borussia Dortmund-Glasgow Rangers 2-2
Steaua Bucarest-Juventus Turin 0-0

Groupe D

Ajax Amsterdam-Real Madrid 1-0
Grasshopper Zurich-Ferencvaros 0-3
Ferencvaros-Ajax Amsterdam 1-5
Real Madrid-Grasshopper Zurich 2-0
Ajax Amsterdam-Grasshopper Zurich 3-0
Real Madrid-Ferencvaros 6-1
Ferencvaros-Real Madrid 1-1
Grasshopper Zurich-Ajax Amsterdam 0-0
Ferencvaros-Grasshopper Zurich 3-3
Real Madrid-Ajax Amsterdam 0-2
Ajax Amsterdam-Ferencvaros 4-0
Grasshoppers Zurich-Real Madrid 0-2

Classement Groupe C	Pts	J	G	N	P	bp	bc	Dif
1. **Juventus Turin** (Italie)	13	6	4	1	1	15	4	+11
2. **Bor. Dortmund** (Allemagne)	9	6	2	3	1	8	8	0
3. Steaua Bucarest (Roumanie)	6	6	1	3	2	2	5	–3
4. Glasgow Rangers (Écosse)	3	6	0	3	3	6	14	–8

Classement Groupe D	Pts	J	G	N	P	bp	bc	Dif
1. **Ajax Amsterdam** (Pays-Bas)	16	6	5	1	0	15	1	+14
2. **Real Madrid** (Espagne)	10	6	3	1	2	11	5	+6
3. Ferencvaros (Hongrie)	5	6	1	2	3	9	19	–10
4. Grasshopper Zurich (Suisse)	2	6	0	2	4	3	13	–10

Quarts de finale

FC Nantes-Spartak Moscou 2-0 et 2-2
Juventus Turin-Real Madrid 0-1 et 2-0
Panathinaïkos-Legia Varsovie 0-0 et 3-0
Ajax Amsterdam-Borussia Dortmund 2-0 et 1-0

Demi-finales

Ajax Amsterdam-Panathinaïkos 0-1 et 3-0
Juventus Turin-FC Nantes 2-0 et 2-3

FINALE

Le 22 mai, à Rome
Juventus Turin bat Ajax Amsterdam 1-1 a.p.
(4 tirs au but à 2)
75 000 spectateurs.
Arbitre : M. Diaz Vega (Esp.).
Buts : Ravanelli (13) pour la Juventus ;
Litmanen (41) pour l'Ajax Amsterdam.

Les équipes

JUVENTUS TURIN : Peruzzi – Torricelli, Ferrara, Vierchowod, Pessotto – Conte puis Jugovic (44e), Paulo Sousa puis Di Livio (56e), Deschamps, Del Piero – Vialli (cap.), Ravanelli puis Padovano (77e).
AJAX AMSTERDAM : Van der Sar – Silooy, F. de Boer puis Scholten (68e), Blind (cap.), Bogarde – R. de Boer puis Wooter (91e), Litmanen, Davids – Finidi, Kanu, Musampa puis Kluivert (46e).

Euro 96

Groupe A

8 juin à Wembley : Angleterre-Suisse 1-1
10 juin à Birmingham : Pays-Bas-Écosse 0-0
13 juin à Birmingham : Pays-Bas-Suisse 2-0
15 juin à Wembley : Angleterre-Écosse 2-0
18 juin à Birmingham : Écosse-Suisse 1-0
18 juin à Wembley : Angleterre-Pays-Bas 4-1

	Pts	J	G	N	P	Bp	Bc	Dif
1. **ANGLETERRE**	7	3	2	1	0	7	2	+5
2. **Pays-Bas**	4	3	1	1	1	3	4	–1
3. Écosse	4	3	1	1	1	1	2	–1
4. Suisse	1	3	0	1	2	1	4	–3

Qualifiés pour les quarts de finale :
Angleterre et Pays-Bas.
Les Pays-Bas devancent l'Écosse au plus grand nombre de buts marqués dans tous les matchs du groupe (selon le règlement).

Groupe B

9 juin à Leeds : Espagne-Bulgarie 1-1
10 juin à Newcastle : France-Roumanie 1-0
13 juin à Newcastle : Bulgarie-Roumanie 1-0
15 juin à Leeds : France-Espagne 1-1
18 juin à Newcastle : France-Bulgarie 3-1
18 juin à Leeds : Espagne-Roumanie 2-1

	Pts	J	G	N	P	Bp	Bc	Dif
1. **FRANCE**	7	3	2	1	0	5	2	+3
2. **Espagne**	5	3	1	2	0	4	3	+1
3. Bulgarie	4	3	1	1	1	3	4	–1
4. Roumanie	0	3	0	0	3	1	4	–3

Qualifiés pour les quarts de finale :
France et Espagne.

Groupe C

9 juin à Manchester : Allemagne-Rép. tchèque 2-0
11 juin à Liverpool : Italie-Russie 2-1
14 juin à Liverpool : Rép. tchèque-Italie 2-1
16 juin à Manchester : Allemagne-Russie 3-0
19 juin à Liverpool : Russie-Rép. tchèque 3-3
19 juin à Manchester : Italie-Allemagne 0-0

	Pts	J	G	N	P	Bp	Bc	Dif
1. **ALLEMAGNE**	7	3	2	1	0	5	0	+5
2. **Rép. tchèque**	4	3	1	1	1	5	6	–1
3. Italie	4	3	1	1	1	3	3	0
4. Russie	1	3	0	1	2	4	8	–4

Qualifiés pour les quarts de finale :
Allemagne et Rép. tchèque.
La Rép. tchèque devance l'Italie au match particulier (point 1 du règlement).

Groupe D

9 juin à Sheffield : Danemark-Portugal 1-1
11 juin à Nottingham : Croatie-Turquie 1-0
14 juin à Nottingham : Portugal-Turquie 1-0
16 juin à Sheffield : Croatie-Danemark 3-0
19 juin à Nottingham : Portugal-Croatie 3-0
19 juin à Sheffield : Danemark-Turquie 3-0

	Pts	J	G	N	P	Bp	Bc	Dif
1. **PORTUGAL**	7	3	2	1	0	5	1	+4
2. **Croatie**	6	3	2	0	1	4	3	+1
3. Danemark	4	3	1	1	1	4	4	0
4. Turquie	0	3	0	0	3	0	5	–5

Qualifiés pour les quarts de finale :
Portugal et Croatie.

Quarts de finale

22 juin à Wembley : Angleterre-Espagne .... 0-0 a.p.
(4 tirs au but à 2).
22 juin à Liverpool : France-Pays-Bas .... 0-0 a.p.
(5 tirs au but à 4).
23 juin à Manchester : Allemagne-Croatie 2-1
23 juin à Birmingham : Rép. tchèque-Portugal 1-0

Demi-finales

26 juin à Manchester : Rép. tchèque-France 0-0 a.p.
(6 tirs au but à 5).
26 juin à Wembley : Allemagne-Angleterre.... 1-1 a.p.
(6 tirs au but à 5).

FINALE

30 juin à Wembley :
Allemagne bat Rép. tchèque : 2-1 (but décisif).
75 000 spectateurs.
Arbitre : M. Pairetto (Ita).
Buts : Bierhoff (73e, 95e) pour l'Allemagne ;
Berger (59e s. p.) pour la Rép. tchèque.

Les équipes

ALLEMAGNE : Koepke – Babbel, Sammer, Helmer – Strunz, Eilts puis Bode (46e), Haessler, Scholl puis Bierhoff (69e), Ziege – Klinsmann (cap.), Kuntz.
RÉP. TCHÈQUE : Kouba – Hornak, Kadlec (cap.), Suchoparek – Bejbl, Rada, Nedved, Berger, Nemec – Poborsky puis Smicer (88e), Kuka.

La saison de l'équipe de France

Le 22 juillet 1995, à Oslo
NORVÈGE et FRANCE : 0-0

10 000 spectateurs environ.
Arbitre : M. Luyten (P.-B.).
Les équipes
NORVÈGE : Thorstvedt (cap.) – Halle (Haaland, 46e), Berg, E. Johnsen, Nilsen puis R. Johnsen (64e) – Flo, Solbakken, Rekdal puis Ingebritsen (87e), Leonhardsen – Fjoertoft, Mjelde.
FRANCE : Lama – Thuram, Roche (cap.), Blanc, Lizarazu – Makelélé, Guérin, Zidane puis Djorkaeff (46e), Le Guen puis Lebœuf (68e) – Cocard puis Martins (73e), Pedros.

*

Le 16 août 1995, à Paris
FRANCE et POLOGNE : 1-1 (CE)

40 426 spectateurs.
Arbitre : M. Diaz-Vego (Esp.).
Buts : Djorkaeff (87e) pour la France ; Juskowiak (35e) pour la Pologne.
Les équipes
FRANCE : Lama (cap.) – Angloma puis Karembeu (66e), Thuram, Lebœuf puis Djorkaeff (70e), Lizarazu – Deschamps, Desailly, Zidane, Guérin – Dugarry, Ginola puis Pedros (64e).
POLOGNE : Wozniak – Lapinski, Zielinski, Waldoch, Kozminski – Iwan, P. Swierczewski, Nowak puis Czerwiec (57e), Kosecki (cap.) puis Wojtala (72e) – Juskowiak, Kowalczyk puis Bukalski (61e).

*

Le 6 septembre 1995, à Auxerre
FRANCE bat AZERBAÏDJAN : 10-0 (CE)

15 000 spectateurs.
Arbitre : M. Micaleff (Malte).
Buts : Desailly (13e), Djorkaeff (18e, 78e), Guérin (33e), Pedros (49e), Lebœuf (53e, 74e), Dugarry (66e), Zidane (72e), Cocard (90e).
Les équipes
FRANCE : Lama – Angloma puis Thuram (57e), Desailly (cap.), Lebœuf, Lizarazu – Deschamps, Zidane, Guérin – Djorkaeff, Dugarry puis Cocard (70e), Pedros puis Ginola (67e).
AZERBAÏDJAN : Gassanov puis Sadikov (37e) – Assadov, Ahmedov, Getsman, Aboushev, Agaiev – Y. Gousseinov, Diniev (cap.), Kadirov puis M. Gousseinov (72e), Litchkin – Kourbanov puis Alekperov (46e).

*

Le 11 octobre 1995, à Bucarest
FRANCE bat ROUMANIE : 3-1 (CE)

24 000 spectateurs.
Arbitre : M. Pairetto (Ita.).
Buts : Lacatus (52e) pour la Roumanie ; Karembeu (29e), Djorkaeff (41e), Zidane (73e) pour la France.
Les équipes
ROUMANIE : Stelea – Petrescu, Mihali puis Lupu (46e), Popescu, Prodan – Hagi (cap.) puis Panduru (62e), Lupescu, Munteanu, Selymes – Lacatus, Dumitrescu puis Vladoiu (46e).
FRANCE : Barthez – Angloma, Desailly, Lebœuf, Di Meco (cap.) – Deschamps, Karembeu, Zidane puis Thuram (85e), Guérin – Djorkaeff puis Lizarazu (75e), Dugarry puis Madar (62e).

Le 15 novembre 1995, à Caen
FRANCE bat ISRAËL : 2-0 (CE)

21 500 spectateurs.
Arbitre : M. Grabher (Aut.).
Buts : Djorkaeff (69e), Lizarazu (89e).
Les équipes
FRANCE : Lama – Angloma, Desailly, Lebœuf, Di Meco puis Lizarazu (63e) – Karembeu puis Keller (90e), Deschamps, Zidane, Guérin (cap.) – Djorkaeff, Madar puis Loko (63e).
ISRAËL : Cohen – Halfon, Shelah, Brumer, Glam – Hazan, Klinger (cap.) puis Zohar (79e), Berkowitz puis Atar (70e), Banin, Rosenthal – R. Harazi puis Mizrahi (85e).

*

Le 24 janvier 1996, à Paris (Parc des Princes)
FRANCE bat PORTUGAL : 3-2

25 000 spectateurs.
Arbitre : M. Gallagher (Ang.).
Buts : Djorkaeff (24e, 75e), Pedros (77e) pour la France ; Fernando Couto (23e), Rui Costa (30e) pour le Portugal.
Les équipes
FRANCE : Lama – Angloma puis Lamouchi (70e), Desailly (cap.), Lebœuf, Di Meco – Karembeu, Deschamps, Zidane, Guérin puis Pedros (46e) – Djorkaeff, Loko puis Pouget (78e).
PORTUGAL : Neno – Nelson puis Dominguez (66e), Jorge Costa, Fernando Couto (cap.), Dimas – Secretario, Helder puis Nuno Gomes (79e), Rui Costa, Paulinho Santos puis Pedro (61e) – Paulo Alves, Folha puis Dani (76e).

*

Le 21 février 1996, à Nîmes
FRANCE bat GRÈCE : 3-1

23 420 spectateurs.
Arbitre : M. Philippi (Lux.).
Buts : Loko (30e, 47e sur pen.), Zidane (49e) pour la France ; Alexandris (5e) pour la Grèce.
Les équipes
FRANCE : Lama (cap.) – Angloma puis Lebœuf (46e), Thuram, Desailly, Petit puis Pouget (77e) – Karembeu, Deschamps – Lamouchi puis Laigle (70e), Djorkaeff puis Zidane (46e), Pedros – Loko.
GRÈCE : Atmatzidis – Apostolakis (cap.), Kalitzakis puis Konstantinidis (68e), Ouzoudinis, Dabizas, Kasapis – Vryzas, Donis puis Kostis (70e), Alexandris, Zagorakis puis Lymperopoulos (78e) – Machlas puis Nicolaidis (70e).

*

Le 27 mars 1996, à Bruxelles
FRANCE bat BELGIQUE : 2-0

20 000 spectateurs.
Arbitre : M. Stuchlik (Aut.).
Buts : Albert (65e csc), Lamouchi (70e).
Les équipes
BELGIQUE : De Wilde – Genaux, Renier, Medved puis Verjans (46e), Smidts – Peiremans, Albert – Degryse puis Goossens (46e), Scifo (cap.), Boffin puis De Bilde (69e) – Oliveira.
FRANCE : Lama – Thuram puis Angloma (46e), Roche, Blanc, Di Meco (cap.) – Karembeu, Deschamps – Lamouchi, Martins, Pedros puis Laigle (72e) – Dugarry puis Pouget (80e).

Le 29 mai 1996, à Strasbourg
FRANCE bat FINLANDE : 2-0

29 304 spectateurs.
Arbitre : M. Steinborn (All.).
Buts : Loko (15e), Pedros (17e).
Les équipes
FRANCE : Martini – Angloma, Thuram, Lebœuf, Di Meco puis Lizarazu (67e) – Desailly (cap.), Guérin – Lamouchi puis Karembeu (69e), Martins, Pedros – Loko puis Dugarry (46e).
FINLANDE : Niemi – Yloenen, Karjalainen, Hyrylaeinen, Heinola – Suominen, Hyypiae, Litmanen (cap.), Groenlund – Vaiesaenen, Kolkka puis Javaja (85e).

*

Le 1er juin, à Stuttgart
FRANCE bat ALLEMAGNE : 1-0

53 000 spectateurs.
Arbitre : M. Wojcik (Pol).
But : Blanc (6e).
Les équipes
FRANCE : Lama – Thuram, Desailly, Blanc, Di Meco puis Lizarazu (66e) – Karembeu puis Angloma (84e), Deschamps (cap.), Zidane puis Loko (46e), Guérin puis Lamouchi (81e) – Djorkaeff, Dugarry puis Pedros (72e).
ALLEMAGNE : Koepke – Reuter, Babbel, Sammer, Helmer, Ziege puis Scholl (83e) – Haessler puis Basler (46e), Eilts puis Freund (46e), Moeller – Klinsmann (cap.), Bobic.

*

Le 5 juin, à Villeneuve-d'Ascq
FRANCE bat ARMÉNIE : 2-0

21 486 spectateurs.
Arbitre : M. Alain Hamer (Lux).
Buts : Angloma (15e), Madar (70e).
Les équipes
FRANCE : Lama – Angloma puis Thuram (46e), Desailly, Blanc, Lizarazu – Lamouchi, Deschamps (cap.), Guérin puis Karembeu (4e) – Djorkaeff puis Loko (46e), Zidane – Madar.
ARMÉNIE : Abrahaian – Suiasian, Housepyan, Khachatrian, Hovannisian – Ter-Petrosyan, Michitarian, Tonoy (cap.) puis Vardanan (7e), Petrosyan – Grigorian puis A. Avetisian (3e), V. Avetisian.

EURO

PREMIER TOUR

Le 10 juin, à Newcastle
FRANCE bat ROUMANIE : 1-0

28 000 spectateurs.
Arbitre : M. Krug (All).
But : Dugarry (24e).
Les équipes
FRANCE : Lama – Thuram, Desailly, Blanc, Di Meco puis Lizarazu (68e) – Karembeu, Deschamps (cap.), Guérin – Djorkaeff, Zidane puis Roche (80e) – Dugarry puis Loko (68e).
ROUMANIE : Stelea – Petrescu puis Filipescu (77e), Mihali, Belodedici, Selymes – Hagi (cap.), Popescu, Lupescu, Munteanu – Lacatus puis Ilie (56e), Raducioiu puis Moldovan (46e).

Le 15 juin, à Leeds
FRANCE et ESPAGNE: 1-1

39 000 spectateurs.
Arbitre: M. Zhuk (Blr).
Buts: Djorkaeff (48e) pour la France; Caminero (85e) pour l'Espagne.

Les équipes

FRANCE: Lama – Angloma puis Roche (65e), Desailly, Blanc, Lizarazu – Karembeu, Deschamps (cap.), Guérin puis Thuram (81e) – Djorkaeff, Zidane – Loko puis Dugarry (74e).
ESPAGNE: Zubizarreta (cap.) – Otero puis Kiko (59e), Alkorta, Lopez, Abelardo, Sergi – Luis Enrique puis Manjarin (55e), Hierro, Caminero, Amavisca – Alfonso puis Julio Salinas (83e).

*

Le 18 juin, à Newcastle
FRANCE bat BULGARIE: 3-1

26 976 spectateurs.
Arbitre: M. Gallagher (Ang) puis M. Durkin (Ang, 28e).
Buts: Blanc (20e), Penev (63e, c.s.c.), Loko (90e) pour la France; Stoïchkov (69e) pour la Bulgarie.

Les équipes

FRANCE: Lama – Thuram, Desailly, Blanc, Lizarazu – Karembeu, Deschamps (cap.), Guérin – Djorkaeff, Zidane puis Pedros (62e) – Dugarry puis Loko (70e).
BULGARIE: Mikhailov (cap.) – Kremenliev, Ivanov, Houbtchev, Tzvetanov – Letchkov, Iankov puis Borimirov (79e), Iordanov, Balakov puis Donkov (82e) – Penev, Stoïchkov.

*

QUARTS DE FINALE
Le 22 juin, à Liverpool
FRANCE bat PAYS-BAS: 0-0 a.p.
(5 tirs au but à 4)

37 465 spectateurs.
Arbitre: M. Lopez Nieto (Esp).
Tirs au but réussis: Zidane, Djorkaeff, Lizarazu, Guérin, Blanc pour la France; De Kock, De Boer, Kluivert, Blind pour les Pays-Bas. Tir au but manqué: Seedorf.

Les équipes

FRANCE: Lama – Thuram, Desailly, Blanc, Lizarazu – Karembeu, Deschamps (cap.), Guérin – Djorkaeff, Zidane – Loko puis Dugarry (62e) puis Pedros (80e).
PAYS-BAS: Van der Sar – Reiziger, De Kock, Blind (cap.), Bogarde – De Boer, Bergkamp puis Seedorf (60e), Witschge puis Mulder (80e) – Cruijff puis Winter (69e), Kluivert, Cocu.

*

DEMI-FINALES
Le 26 juin, à Manchester
RÉP. TCHÈQUE bat FRANCE: 0-0 a.p.
(6 tirs au but à 5)

43 877 spectateurs.
Arbitre: M. Mottram (Éco).
Tirs au but réussis: Kubik, Nedved, Berger, Poborsky, Rada, Kadlec pour la Rép. tchèque; Zidane, Djorkaeff, Lizarazu, Guérin, Blanc pour la France. Tir au but manqué: Pedros.

Les équipes

FRANCE: Lama – Thuram puis Angloma (83e), Roche, Blanc (cap.), Lizarazu – Lamouchi puis Pedros (62e), Desailly, Guérin – Djorkaeff, Zidane – Loko.
RÉP. TCHÈQUE: Kouba – Rada, Hornak, Kadlec, Novotny – Nedved, Nemecek (cap.), Poborsky, Nemec puis Kubik (84e) – Drulak puis Kotulek (70e), Smicer puis Berger (46e).

Jeux olympiques

Groupe A

Portugal-Tunisie	2-0
Argentine-États-Unis	3-1
Argentine-Portugal	1-1
États-Unis-Tunisie	2-0
Argentine-Tunisie	1-1
États-Unis-Portugal	1-1

	Pts	J	G	N	P	Bp	Bc
1. **ARGENTINE**	5	3	1	2	0	5	3
2. **Portugal**	5	3	1	2	0	4	2
3. États-Unis	4	3	1	1	1	4	4
4. Tunisie	1	3	0	1	2	1	5

Groupe B

Espagne-Arabie Saoudite	1-0
France-Australie	2-0
Australie-Arabie Saoudite	2-1
France-Espagne	1-1
Espagne-Australie	3-2
France-Arabie Saoudite	2-1

	Pts	J	G	N	P	Bp	Bc
1. **FRANCE**	7	3	2	1	0	5	2
2. **Espagne**	7	3	2	1	0	5	3
3. Australie	3	3	1	0	2	4	6
4. Arabie Saoudite	0	3	0	0	3	2	5

Groupe C

Mexique-Italie	1-0
Corée du Sud-Ghana	1-0
Mexique-Corée du Sud	0-0
Ghana-Italie	3-2
Italie-Corée du Sud	2-1
Ghana-Mexique	1-1

	Pts	J	G	N	P	Bp	Bc	Dif
1. **MEXIQUE**	5	3	1	2	0	2	1	+1
2. **Ghana**	4	3	1	1	1	4	4	0
3. Corée du Sud	4	3	1	1	1	2	2	0
4. Italie	3	3	1	0	2	4	5	–1

Groupe D

Japon-Brésil	1-0
Nigeria-Hongrie	1-0
Nigeria-Japon	2-0
Brésil-Hongrie	3-1
Brésil-Nigeria	1-0
Japon-Hongrie	3-2

	Pts	J	G	N	P	Bp	Bc	Dif
1. **BRÉSIL**	6	3	2	0	1	4	2	+2
2. **Nigeria**	6	3	2	0	1	3	1	+2
3. Japon	6	3	2	0	1	4	4	0
4. Hongrie	0	3	0	0	3	3	7	–4

Quarts de finale

Portugal-France	2-1 a. p.
Argentine-Espagne	4-0
Nigeria-Mexique	2-0
Brésil-Ghana	4-2

Demi-finales

Argentine-Portugal	2-0
Nigeria-Brésil	4-3

Match pour la troisième place

Brésil-Portugal	5-0

FINALE
Le 3 août, à Athens : **Nigeria bat Argentine : 3-2.**

Le 20 juillet, à Miami
FRANCE bat AUSTRALIE : 2-0

8 000 spectateurs.
Arbitre: M. Ruscio (Arg).
Buts: Pirès (12e), Maurice (75e).

Les équipes

FRANCE: Letizi – Candela, Djetou, Moreau, Bonnissel – Makelele, Dacourt puis Sibierski (46e), Legwinski, Dhorasso – Maurice puis Vairelles (80e), Pirès puis Wiltord (90e).
AUSTRALIE: Jurio – Muscat, Horvat puis Aloisi (80e), Babic, Corica – Caserly, Vidmar, Moric, Tiatto – Agostino, Viduka puis Spiteri (70e).

*

Le 22 juillet, à Orlando
FRANCE et ESPAGNE : 1-1

16 633 spectateurs.
Arbitre: M. Un-Prasert (Tha).
Buts: Oscar (85e) pour l'Espagne; Legwinski (38e) pour la France.

Les équipes

FRANCE: Letizi – Toyes, Dieng, Moreau, Candela – Makelele puis Sibierski (90e), Djetou, Legwinski, Dhorasoo – Wiltord puis Pirès (80e), Pierès.
ESPAGNE: Mora – Corino puis Lardin (55e), Navarro, Karanka, Sietes puis Aranzabal (64e) – Santi, Saenz, Oscar – Dani, Raul.

*

Le 24 juillet, à Miami
FRANCE bat ARABIE SAOUDITE : 2-1

3 000 spectateurs.
Arbitre: M. Archundia (Mex).
Buts: Maurice (20e s. p.), Sibierski (48e) pour la France; Fuad Amin (26e) pour l'Arabie Saoudite.

Les équipes

FRANCE: Letizi – Candela, Laville, Dieng, Bonnissel – Sibierski puis Wiltord (62e), Djetou puis Moreau (85e), Dacourt, Dhorasoo – Maurice, Pirès puis Legwinski (74e).
ARABIE SAOUDITE: Al-Sadig – Al-Jahani puis Al-Shahrani (76e), Al-Khilaiwi, Al-Dossari, Zubromawi – Al-Rashad, Al-Harbi, Amin, Sulimani – Falatah puis Al-Garni (46e), Al-Dossary.

*

Quarts de finale
Le 27 juillet, à Miami
PORTUGAL bat FRANCE : 2-1 a. p.

22 339 spectateurs.
Arbitre: M. Collina (Ita).
Buts: Capucho (8e), Calado (105e s. p.) pour le Portugal; Maurice (49e s. p.) pour la France.

Les équipes

PORTUGAL: Nuno – Andrade, Rui Bento, Litos puis Beto (14e), Rui Jorge puis Martins (62e) – Vidigal, Peixe (cap.), Vidigal, Kenedy – Capucho puis Dani (51e), Paulo Alves.
FRANCE: Letizi – Djetou, Dieng, Moreau, Bonnissel (cap.) – Makelele, Legwinski, Dacourt puis Vairelles (61e), Dhorasoo – Maurice puis Wiltord (91e), Pirès.

ORIGINE DES DOCUMENTS PHOTOGRAPHIQUES

Presse-Sports/Luttiau, De Martignac, Fèvre, Pichon, Boutroux, Mark Leech, Lecoq, Bardou, Fablet, Empics Tony Marshall, Lablatière, Rochard, Audy Heading, Deschamps, Fel, Lutz Bongarts, Action Images : pp. 4, 6, 8, 9, 15, 16, 19, 20, 22, 23, 24, 26, 30, 31, 34, 39, 40, 43, 44, 47, 48, 50H, 50BG, 51, 52, 55, 56B, 58H, 58B, 59, 60, 62, 64, 66H, 66B, 69, 71H, 71B, 73, 74, 75, 76, 77H, 77B, 78H, 78B, 79, 80H, 80B, 82, 83H, 83B, 84, 85H, 85B, 86, 87, 88, 90H, 90B, 93, 94B, 96H, 96B, 97, 100, 101, 103, 104, 106, 107, 108G, 113, 118, 119, 123, 124H, 124B, 125HG, 125HD, 125B, 126B, 128H, 128B, 129H, 129B, 130B, 131, 132H, 133, 134, 135, 141D.

Flash-Press/Guy Jeffroy, S. Mantey, J.-M. Hervio, DPPI, Ph. Millereau : pp. 7, 14, 17H, 21, 25, 27, 28, 29, 35, 36B, 41B, 42, 45, 49, 50BD, 53, 56H, 61, 81, 94H, 98, 99, 102, 105H, 105B, 109, 112, 115H, 115B, 119H, 121, 126H, 130H, 141G.

Vandystadt/Richard Martin, Stéphane Kempinaire, Rémy Michelin, Pat Black, Lionel Hahn, Pierre Ménage : pp. 10, 11, 12, 18, 32, 33, 37, 46, 67, 68, 70, 72, 89, 92, 95, 111, 123H, 132B, 139.

Allsport/Shaun Botterill, Gary M. Prior, Ben Radford, Simon Braty, Mike Hewitt : pp. 36H, 38, 41H, 108, 110H, 110B, 116.

Impression et reliure: Pollina S.A., 85400 Luçon - n°70494
dépot légal: Septembre 1996